A Imagem Corporificada

O autor

Juhani Pallasmaa é um dos arquitetos e teóricos da arquitetura mais renomados da Finlândia. Entre seus cargos prévios, estão: Reitor do Instituto de Artes Industriais de Helsinque, Diretor do Museu de Arquitetura Finlandesa de Helsinque, Professor e Decano da Faculdade de Arquitetura da Universidade de Tecnologia de Helsinque. Ele também foi professor convidado em várias universidades do mundo. Pallasmaa é o autor ou editor de 24 livros, incluindo *Os Olhos da Pele: A Arquitetura e os Sentidos* (Bookman, 2011) e *As Mãos Inteligentes* (Bookman, 2013).

P153i Pallasmaa, Juhani.
        A imagem corporificada : imaginação e imaginário na arquitetura / Juhani Pallasmaa ; tradução: Alexandre Salvaterra. – Porto Alegre : Bookman, 2013.
        152 p. : il. color. ; 23 cm.

        ISBN 978-85-8260-081-8

        1. Arquitetura. I. Título.

        CDU 72

Catalogação na publicação: Ana Paula M. Magnus – CRB 10/2052

JUHANI PALLASMAA

A Imagem Corporificada
Imaginação e Imaginário na Arquitetura

Tradução:
Alexandre Salvaterra
Arquiteto e Urbanista pela Universidade Federal do Rio Grande do Sul

2013

Obra originalmente publicada sob o título
The Embodied Image: Imagination and Imagery in Architecture
ISBN 9780470711910

Copyright ©2011 John Wiley & Sons Limited, United Kingdom

All Rights Reserved. Authorised translation from the English language edition published by John Wiley & Sons Limited. Responsibility for the accuracy of the translation rests solely with Grupo A Educação S.A. and is not the responsibility of John Wiley & Sons Limited. No part of this book may be reproduced in any form without the written permission of the original copyright holder, John Wiley & Sons Limited.

Gerente editorial: *Arysinha Jacques Affonso*

Colaboraram nesta edição:

Coordenadora editorial: *Denise Weber Nowaczyk*

Capa: *Rogério Grilho* (arte sobre capa original)

Imagem da capa: © *Photothèque R. Magritte, Magritte, René/Licenciado por AUTVIS, Brasil, 2012*

Leitura final: *Fernanda Vier Azevedo*

Editoração: *Techbooks*

Reservados todos os direitos de publicação, em língua portuguesa, à
BOOKMAN EDITORA LTDA., uma empresa do GRUPO A EDUCAÇÃO S.A.
Av. Jerônimo de Ornelas, 670 – Santana
90040-340 – Porto Alegre – RS
Fone: (51) 3027-7000   Fax: (51) 3027-7070

É proibida a duplicação ou reprodução deste volume, no todo ou em parte, sob quaisquer formas ou por quaisquer meios (eletrônico, mecânico, gravação, fotocópia, distribuição na Web e outros), sem permissão expressa da Editora.

Unidade São Paulo
Av. Embaixador Macedo Soares, 10.735 – Pavilhão 5 – Cond. Espace Center
Vila Anastácio – 05095-035 – São Paulo – SP
Fone: (11) 3665-1100   Fax: (11) 3667-1333

SAC 0800 703-3444 – www.grupoa.com.br

IMPRESSO NO BRASIL
PRINTED IN BRAZIL

Agradecimentos

O livro *A Imagem Corporificada* conclui meu estudo sobre a função dos sentidos, da corporificação e da imaginação na percepção, no pensamento e na execução arquitetônicos e artísticos. Esse interesse surgiu 15 anos atrás, quando fiz uma crítica à hegemonia da visão e à negligência do potencial dos demais sentidos na arquitetura, com o título de *Os Olhos da Pele: A arquitetura e os sentidos* (Bookman Companhia Editora, Porto Alegre, 2011). A investigação continuou em *As Mãos Inteligentes: A Sabedoria Existencial e Corporalizada na Arquitetura*, que inclui um estudo sobre a importância da conexão entre olhos, mãos e mente – subestimada, infelizmente, nas práticas pedagógicas e profissionais na era da informática.

Vários capítulos do livro se baseiam, em parte, em argumentos desenvolvidos em algumas de minhas palestras e ensaios anteriores, especialmente os seguintes:

"Hapticity and Time: Notes on Fragile Architecture", apresentada inicialmente como a 1999 RIBA Annual Discourse Lecture do Royal Institute of British Architects, em Londres, e publicada posteriormente em *The Architectural Review* (Londres), maio de 2000.

"The Lived Metaphor", em *Primary Architectural Images: Seminar Document 2001/2002*, School of Architecture, Washington University in St Louis (St Louis), 2002.

"Aesthetic and Existential Space: The Dialectics of Art and Architecture", *Architecture + Art: New Visions, New Strategies*, Eeva-Liisa Pelkonen, editor, Alvar Aalto Academy (Helsinque), 2007.

"Limits of Architecture: Between Reality and Fiction", palestra do 11th International Alvar Aalto Symposium, Jyväskylä, 7–9 de agosto de 2009.

Com o objetivo de concluir a argumentação, também incluí algumas ideias de meu livro anterior, *As Mãos Inteligentes: A Sabedoria Existencial e Corporalizada na Arquitetura*. Aproveito para confessar que meu raciocínio parece avançar em círculos gradualmente crescentes, sendo que esses padrões concêntricos exigem um retorno constante a ideias e temas anteriores, embora, a cada vez, em um contexto levemente diferente e com uma perspectiva mais ampla.

Como escrevo tudo à mão, todos os meus manuscritos passam aproximadamente oito a dez vezes entre minha escrivaninha e o computador da minha secretária. Agradeço à minha secretária, Arja Riihimäki, por sua paciência e perseverança.

Gostaria de agradecer a Helen Castle, editora executiva de Contratação do departamento de Arquitetura do Reino Unido na John Wiley & Sons, pela confiança de encomendar este livro baseada em uma única conversa que tivemos em Londres em dezembro de 2009, bem como por seus valiosos comentários e sugestões sobre o manuscrito. Também agradeço às seguintes pessoas que auxiliaram na produção deste livro, desempenhando variadas funções: Miriam Swift, pela coordenação da edição do texto, projeto gráfico e impressão do livro; Julia Dawson, pela compreensão e edição cuidadosa do texto; Caroline Ellerby, pela pesquisa de imagens; Karen Willcox, pelo projeto gráfico do livro; e Calver Lezama, pela assistência geral e ajuda para organizar o projeto.

Apresentei o primeiro rascunho do meu manuscrito durante uma palestra dada com hesitação, em março de 2010, para um grupo de discussão composto por artistas e estudiosos amigos meus que se reúne algumas vezes por ano em Helsinque. Recebi sugestões inspiradoras.

Tudo o que falo ou escrevo é resultado da leitura de milhares de livros durante mais de meio século, assim como de inúmeras conversas que ocorreram na Finlândia e em minhas viagens pelo mundo com artistas, filósofos, terapeutas, cientistas e colegas arquitetos. Incorporei essas conversas e as fundi em meu pensamento, ao ponto de não conseguir mais identificar e dar crédito a fontes individuais. Minha única alternativa é agradecer, em conjunto, aos meus muitos amigos.

Helsinque, julho de 2010
Juhani Pallasmaa

Uma "Imagem" é aquilo que apresenta um complexo intelectual e emocional em um instante. Somente tal imagem, tal poesia, poderia nos dar aquela sensação de súbita liberação; aquela sensação de liberdade dos limites temporais e espaciais; aquela sensação de súbito crescimento que experimentamos na presença das grandes obras de arte.
Ezra Pound (citado por J. D. McClatchy, "Introduction", em *Poets on Painters*, J. D. McClatchy, editor, University of California Press [Berkeley, Los Angeles, London], 1988, p. XI)

Como pode uma imagem – às vezes muito incomum – parecer uma concentração de toda a psique? Como pode – sem nenhuma preparação – este evento singular e efêmero formado pela aparência de uma imagem poética incomum, reagir sobre outras mentes e outros corações, apesar de todas as barreiras do senso comum, de todas as escolas de pensamento disciplinadas, contentes com sua imobilidade?
Gaston Bachelard (*The Poetics of Space*, Beacon Press [Boston], 1969, p. XIV–XV)

Podemos [...] concluir que a imaginação não é um poder empírico agregado à consciência, mas a totalidade da consciência ao se dar conta de sua liberdade.
Jean-Paul Sartre (*The Imaginary*, Routledge [London and New York], 2004, página de rosto)

Sumário

Introdução	10
1 A Imagem na Cultura Contemporânea	14
A hegemonia da imagem	15
O desaparecimento da imaginação	16
A produção de imagens e a viabilidade da arquitetura	17
A arquitetura e o espetáculo	19
Imagens de controle e emancipação	20
O senso do real	22
2 Linguagem, Pensamento e Imagem	26
Imagem e linguagem	26
A imagem filosófica	31
Os significados de imagem e imaginação	32
A natureza da imaginação	35
3 As Muitas Faces da Imagem	40
A imagem vivida e corporificada	40
Imagens da matéria	46
A imagem multissensorial	50
A imagem como condensação	55
A imagem arquetípica na arquitetura	58

A arquitetura como uma mandala	61
A realidade e a irrealidade da imagem artística	63
A imagem inconsciente	64
A metáfora	66
Imagem, afeto e empatia	69
A imagem colada	72
Imagens de incompletude e destruição	74
Imagens do tempo	78
A imagem ilusória	80
A imagem icônica	83
A imagem épica	84
As imagens poéticas como mundos	87
4 A Anatomia da Imagem Poética	**92**
A existência dual da imagem poética	93
A diferença ontológica	97
A importância das origens	101
A metáfora viva	103
Pensando por meio da arte	106
A historicidade da mente e do tempo poético	108
A unidade das artes: a arte e a vida	110
Estetização e beleza	113
5 A Imagem da Arquitetura	**118**
A arquitetura e o mundo	118
A arquitetura como metáfora	120
A arquitetura como uma imagem organizadora	121
A arquitetura como um verbo	123
A casa e o corpo	125
A historicidade das imagens da arquitetura	126
Imagens de arquitetura primitivas e arquétipos	128
O imaginário da janela e da porta	130
A diluição das imagens	132
A imagem frágil	133
Novidade e tradição	137

Sumário **9**

Bibliografia Selecionada   140

Créditos das Imagens   143

Índice   147

Introdução

No conhecimento, a imaginação serve a compreensão; na arte, a compreensão serve a imaginação.[1]

Immanuel Kant, citado em Maurice Merleau-Ponty, *Sense and Non-Sense*, 1948

Na linguagem cotidiana, as palavras "imagem" e "imaginação" normalmente são utilizadas sem maiores reflexões acerca de seu significado e importância. Todavia, o imaginário mental é um veículo fundamental para a percepção, o pensamento, a linguagem e a memória. A imaginação não é apenas a capacidade um tanto frívola de sonhar acordado – ela pode ser considerada a base de nossa própria humanidade. Graças à nossa imaginação, somos capazes de perceber a multiplicidade do mundo e o *continuum* da experiência com o passar do tempo e ao longo da vida. Sem imaginação, não teríamos a sensação de empatia e compaixão – sequer suspeitaríamos do futuro. Tampouco poderíamos fazer julgamentos éticos e escolhas. Precisamos concluir que nossa imagem multifacetada do mundo é um produto de nossa própria imaginação. "Toda a realidade é criada unicamente pela imaginação (...), esse ato que forma a base para a possibilidade de nossa consciência, de nossa vida", reconhece o filósofo J.G. Fichte.[2]

A realidade da linguagem domina a consciência e a comunicação humanas diárias, embora geralmente não estejamos cientes do fato de que até mesmo a linguagem se fundamenta em metáforas corporificadas, imagens e representações neurais. A hegemonia da palavra e da linguagem está inconsciente e profundamente arraigada nas tradições da cultura e do pensamento ocidentais, assim como a hegemonia inquestionada da visão domina os campos dos outros sentidos. Parece paradoxal que nossas práticas culturais atuais sejam dominadas pelo sentido da visão e, ao mesmo tempo, uma visão logocêntrica preconceituosa predomine sobre o imaginário visual e o conhecimento corporificado em geral. A produção em massa atual de imagens apassivantes e que se tornaram *commodities*, que imaginam por nós, parece inclusive ameaçar nossas capacidades autênticas de imaginação.

Devido à produção e comoditização ilimitada de imagens, a noção de "imagem" muitas vezes é entendida como uma simples superfície rasa e passageira da comunicação visual e da representação artística. Além disso, a noção frequentemente adquire um aspecto instantâneo ou momentâneo. Essa postura depreciativa tem força especialmente no campo da arquitetura, onde "uma arquitetura da imagem" normalmente indica o uso calculista das faculdades de arquitetura com o objetivo de criar uma configuração formal sedutora e memorável, como se fosse uma marca registrada ou a obra típica de um arquiteto. No entanto, as experiências arquitetônicas mais profundamente arraigadas, em termos de existência e experiência, afetam nossas mentes por meio de imagens que são condensações de essências distintas de arquitetura. Experiências arquitetônicas duradouras consistem em imagens vividas e corporificadas que se tornaram uma parte inseparável de nossas vidas.

As categorias especiais do imaginário são a imagem poética e corporificada que servem como base e meio de toda expressão artística. A imagem poetizada é um ato mental mágico, uma tendência e transferência de consciência que se torna corporificada como parte de nosso mundo e de nós mesmos. É um fenômeno da alquimia mental que confere um valor monumental ao que é desprovido de valor. Como observou William Carlos Williams, "é difícil encontrar notícias em poemas; porém, homens morrem miseravelmente todos os dias devido à falta do que é encontrado lá".[3]

É evidente que nenhuma experiência ou impacto artístico pode acontecer sem a faculdade mediadora da imagem, que evoca e mantém uma reação emocional. A imagem corporificada é uma experiência vivida especializada, materializada e multissensorial. Imagens poéticas simultaneamente evocam uma realidade imaginativa e se tornam parte de nossa experiência existencial e noção de identidade pessoal. Por serem corporificadas, elas desempenham um papel decisivo em nosso mundo mental interno – o *Weltinnenraum*, para usar uma noção de Rainer Maria Rilke.[4]

Outro paradoxo de nossa cultura consumista surrealmente materialista é o fato de que a autenticidade da imagem e a autonomia da imaginação humana estão definhando. Consequentemente, ao mesmo tempo em que precisamos criticar o imaginário explorador de nosso modelo de cultura (por exemplo, a forçada arquitetura da imagem atual), também temos de defender a imagem poética e corporificada e enfatizar sua função central em toda experiência e pensamento artísticos.

O mundo poetizado é um mundo familiar, íntimo e pessoal, que está identificado com a noção que cada pessoa tem de si próprio. Assim confessou Gaston Bachelard, o filósofo da imagem poética por excelência: "A imagem que nos foi oferecida ao lermos o poema se torna realmente nossa. Cria raízes em nós. Foi dada a nós por outro, mas começamos a ter a impressão de que poderíamos tê-la criado, que deveríamos tê-la criado".[5] Na verdade, a realidade artística imaginativa é de nossa própria projeção e criação. Imagens poéticas corporificadas nos permitem experimentar nossas próprias emoções mentais por meio das sensibilidades dos indivíduos mais sábios e sutis da humanidade.

*

Escrevi os primeiros esboços deste livro com o título temporário *A Imagem Poética*. Contudo, fiquei incomodado com a associação literária e bachelardiana demasiadamente direta. Em abril de 2010, o Imagine Fund da University of Minnesota me convidou a participar de seis conversas públicas com o dramaturgo e diretor de teatro norte-americano Leigh Fondakowski sobre questões fundamentais nas artes. Os assuntos de nossas conversas foram: 1. Imagem e Significado; 2. Tradição e Novidade; 3. Tempo e Atemporalidade; 4. Realidade e Ficção; 5. Anonimidade e Expressão; 6. Imaginação e Compaixão. Essas conversas espontâneas, que ocorreram em diversos auditórios e salas de teatro de Minneapolis e Duluth, convenceram-me a mudar a ênfase do meu manuscrito para a noção de "corporificação".

As surpreendentes coincidências entre expressões artísticas como o teatro e a arquitetura, que surgiram durante as conversas, fortaleceram minha opinião de que o imaginário artístico – da música e poesia, pintura e escultura, ao teatro e arquitetura – adquire um poder mágico e especial por se tornar parte da existência corporificada e da identidade pessoal do ouvinte/leitor/observador/morador. O real dá lugar a uma experiência imaginativa que, finalmente, retorna à vida. O inesperado e, em grande parte, inexplicável poder perceptual e emotivo da imagem artística me sugere que ela está profundamente arraigada em nossa historicidade biológica, no inconsciente coletivo e em nossa consciência existencial.

O livro propriamente dito começa com uma rápida análise (Capítulo 1) do papel da imagem na cultura contemporânea, frequentemente controvertido e paradoxal. O capítulo seguinte apresenta observações básicas do *status* tradicionalmente suprimido da imagem nas teorias ocidentais da linguagem, bem como nas tradições filosóficas predominantes. O Capítulo 3 analisa as múltiplas faces da imagem e, particularmente, seu papel de mediador entre o mundo físico e as esferas do pensamento e da imaginação. O Capítulo 4 disseca a anatomia da imagem, em especial sua existência dual, historicidade mental e relação com o tempo e o conceito de beleza. O capítulo final, o 5, é dedicado ao imaginário específico da arquitetura e sua função mediadora e estruturadora na experiência e consciência humana.

Referências

1 Como citado em Maurice Merleau-Ponty, "The Film and the New Psychology", em Maurice Merleau-Ponty, *Sense and Non-Sense* (1948), Northwestern University Press (Evanston, IL), 1991, sixth printing, p. 57.
2 Como citado em Richard Kearney, *Poetics of Imagining: From Husserl to Lyotard*, Harper Collins Academic (London), 1991, p. 4.
3 William Carlos Williams, "Asphodel, That Greeny Flower", em *The Collected Poems of William Carlos Williams*, Vol. 2, 1939–62, New Directions (New York), 1988, p. 318.
4 Liisa Enwald, editora, "Lukijalle" ["Para o Leitor"] em Rainer Maria Rilke, *Hiljainen taiteen sisin: kirjeitä vuosilta 1900–1926* [*O Silencioso Núcleo Mais Interno da Arte: Cartas 1900–1926*], TAI-teos (Helsinki), 1997, p. 8.
5 Gaston Bachelard, *The Poetics of Space* (1958), Beacon Press (Boston), 1964, p. XIX.

1
A Imagem na Cultura Contemporânea

Um dos maiores paradoxos da cultura contemporânea é que, em uma época em que a imagem reina soberana, a própria noção de imaginação criativa humana parece estar sob crescente ameaça. Parece que não sabemos mais exatamente quem produz ou controla as imagens que condicionam nossa consciência.[1]

Richard Kearney, *The Wake of Imagination*, 1994

No mundo atual, caracterizado pelo consumo em massa, globalização, economias mundiais e comunicação acelerada, somos bombardeados incessantemente por imagens visuais. Ítalo Calvino chama essa condição experimental de "chuva infinita de imagens",[2] enquanto Richard Kearney utiliza a noção de "vício da imagem".[3] Para Roland Barthes, toda cultura de mídia de massas pós-industrial e pós-moderna é "a civilização da imagem".[4] A profusão de imagens atual frequentemente resulta em uma sensação opressiva de excesso e eutroficação – uma espécie de sufocamento em um infinito "Mar Sargaço de Imagens".

O desenvolvimento constante das tecnologias de imagem certamente geraram meios inteiramente novos de monitoramento, registro, análise e representação de inúmeros aspectos da realidade; já a produção industrial de imagens fez com que elas estivessem presentes em qualquer lugar e disponíveis para qualquer um. A imagem mudou a maneira de vivenciarmos o mundo e de nos comunicarmos a respeito dele. Ao mesmo tempo, a hegemonia atual da imagem também deixou aparentes seus impactos negativos.

A hegemonia da imagem

As imagens são produzidas e empregadas *ad infinitum* para fins de informação, educação e entretenimento, assim como para a manipulação comercial, ideológica e política, além da expressão artística. Nosso mundo físico, paisagens urbanas e contextos naturais, bem como nossas paisagens mentais internas, são colonizados, hoje, pela indústria da imagem. Até mesmo a cultura tradicional do livro parece ter sido rapidamente substituída pela imagem e pela informação digital. Estudos recentes mostraram, de modo alarmante, o declínio das habilidades da linguagem e do conhecimento literário inclusive nos países mais avançados em termos econômicos. Antes do surgimento da era da escrita e da alfabetização em massa, os seres humanos se comunicavam principalmente por meio de gestos e imagens. Será que estamos retrocedendo rumo a uma nova era analfabeta de comunicação por imagens? Será que a leitura está se tornando uma habilidade antiquada e um passatempo nostálgico de poucos privilegiados?

O fluxo excessivo do imaginário promove uma experiência de um mundo descontínuo e deslocado. Nos livros, as informações geralmente estão inseridas em longas narrativas causais, enquanto os meios de pesquisa digital fornecem, em sua maioria, pedaços de conhecimento rápidos, mas desconectados e fragmentados. Um estudo recentemente conduzido nos Estados Unidos demonstrou que mais de 50% das crianças daquele país com menos de 15 anos nunca haviam assistido a um único programa de televisão do início ao fim.[5] Será que isso marca o fim das narrativas completas e da ética da causalidade? Qual é a mensagem ética das narrativas interrompidas e descontínuas? Como professor de arquitetura, tenho testemunhado o impacto negativo das informações facilmente disponíveis – porém fragmentadas – em artigos de alunos, que tendem a apresentar diversos fatos, mas, com frequência, carecem de compreensão da essência do assunto. A informação está substituindo o conhecimento.

O impacto instantâneo e sem esforço certamente é o objetivo da maior parte da comunicação e entretenimento atuais. Até mesmo a arquitetura – uma forma de expressão artística que, na opinião de Sir Christopher Wren, em 1660, deve apresentar "o atributo da eternidade" e ser "a única coisa incapaz de novos modismos"[6] – se tornou uma área de um imaginário fugaz. Essa observação é reforçada se compararmos os periódicos de arquitetura da era da modernidade com as revistas atuais; os primeiros dão a impressão de uma cultura da construção em evolução, enquanto as últimas normalmente parecem mostrar invenções formais momentâneas e individualistas. Não é de surpreender que, para descrever nossa era, muitos filósofos da pós-modernidade tenham utilizado palavras como "futilidade proposital", "esmaecimento da historicidade e do afeto" e "falta de visões gerais".[7]

Ao mesmo tempo em que seu número se multiplicou, as imagens mudaram de caráter. Em vez de ser representações de uma realidade, o imaginário extremo de hoje cria uma realidade própria que, muitas vezes, é mais "real" do que os mundos físico e humano preexistentes. Como sugere Richard Kearney, a função da imagem hoje difere fundamentalmente da de outrora, pois, "atualmente, a imagem precede a realidade que deveria representar"[8] e "a realidade se tornou um reflexo pálido da imagem".[9] Na verdade, na vida cotidiana, nas práticas comerciais e políticas e em toda a esfera do entretenimento em expansão, a imagem frequentemente domina ou substitui a realidade – e "o real e o imaginário se tornaram quase impossíveis de distinguir".[10] Hoje, a realidade da política se baseia, com mais frequência, em um imaginário cuidadosamente controlado, não em qualquer verdade historicamente autêntica. No mundo das imagens virtuais, como em jogos de computador e na realidade virtual, ou na realidade substituta e simulada do Second Life, a realidade do imaginário gerado por computador já substituiu a realidade de carne e osso. Os mundos virtuais já são objetos de nossa identidade e empatia. Na verdade, a noção de "realidade" foi totalmente relativizada; precisamos especificar a realidade de quem, e em que contexto, estamos falando. A "realidade" propriamente dita é, filosoficamente, uma noção extremamente controversa, mas nunca foi tão ambígua e infundada como hoje.

O desaparecimento da imaginação

As noções de "imagem" e "imaginação" aparentam estar muito relacionadas em termos semânticos. No entanto, Kearney relata que muitos comentaristas atuais falam sobre o "desaparecimento da imaginação". Ele faz uma sugestão ainda mais alarmante de que "a própria noção de criatividade imaginativa pode, em breve, se tornar algo do passado".[11] Além da fragmentação das informações, do aumento da velocidade e do curto período de atenção, assim como da simplificação consequente do texto e da imagem, a aceleração da comunicação inevitavelmente reduz as nuances e achata o espaço da imaginação individual. Caso nossas capacidades autônomas de imaginação e julgamento crítico venham a enfraquecer de fato, como foi sugerido, é inevitável que nossas experiências e comportamento corram o risco de serem condicionados cada vez mais por imagens com origens e intenções não identificáveis. O enfraquecimento da imaginação também sugere o enfraquecimento consequente de nossos sentimentos de empatia e ética.

Estudos neurológicos recentes contribuíram significativamente para a compreensão de nosso cérebro e dos processos neurais em relação aos atos de perceber, relembrar e imaginar as imagens. Contudo, até mesmo essas informações de pesquisas avançadas já são usadas com o objetivo de desenvolver estratégias e métodos cada vez mais engenhosos para a propaganda e o condicionamento comercial.[12]

Ao mesmo tempo, a imaginação enquanto faculdade mental autônoma parece ser substituída, e não estimulada, pelo imaginário externo excessivo, porém apassivante, ao nosso redor. Já foram publicados estudos que se preocupam com a influência da Internet em nossa cognição, como "O Google Está nos Emburrecendo?", de Nicholas Carr. Na opinião do autor:

> É provável que a Internet tenha um forte efeito sobre a cognição humana. Nunca um sistema de comunicação desempenhou tantas funções em nossas vidas – ou exerceu tamanha influência sobre nossos pensamentos – como a Internet faz hoje. Porém, apesar de tudo que já foi escrito sobre ela, pouco se considerou como, exatamente, ela está nos reprogramando. A ética intelectual da Internet permanece obscura. A Internet modifica, inclusive, a estrutura de outras mídias, de jornais e revistas à televisão.[13]

O dom exclusivamente humano da imaginação está ameaçado pelo excesso de imagens atual? Será que as imagens produzidas em massa e geradas por computador estão imaginando por nós? É razoável supor que até mesmo o predominante pragmatismo político atual e a falta de visões sociais e de utopias são consequência de um embotamento da imaginação política? Os mundos crescentes da vida de fantasia e das imagens de devaneios substituem a imaginação genuína, individual e autônoma, assim como a afeição humana? Minha resposta ansiosa a todas essas perguntas é: sim.

A produção de imagens e a viabilidade da arquitetura

No período anterior à imprensa e à leitura em massa, a catedral – com suas esculturas, afrescos e janelas com vitrais – foi um meio pioneiro de apresentação de textos bíblicos e eventos a uma congregação predominantemente analfabeta. A invenção e o emprego da imprensa disponibilizaram o livro para as massas e também se tornaram um incentivo para a habilidade da leitura.

Victor Hugo acrescentou um parágrafo enigmático à oitava edição de *Notre-Dame de Paris* (1831), intitulado "ceci tuera cela" ("este matará aquele"), no qual anunciou a sentença de morte da arquitetura: "No século XV, (...) o pensamento humano descobriu uma maneira de se perpetuar de forma mais duradoura e resistente que a arquitetura. Além disso, era mais simples e fácil. A arquitetura foi destronada. Os tipos de chumbo de Gutenberg substituíram as cartas de pedra de Orfeu".[14]

Hugo examina esse pensamento mais profundamente, colocando-o nas palavras do Arquidiácono de Notre-Dame: "O prenúncio de que a mente humana, ao modificar sua forma, mudaria seu modo de expressão, de que a ideia mais importante de cada geração deixaria de ser escrita no mesmo material e da mesma maneira, de que o livro de pedra – tão sólido e duradouro – daria lugar ao livro de papel, ainda mais sólido e duradouro".[15]

Embora a profecia de Hugo venha sendo muito citada, seu significado para o curso da história da arquitetura não foi interpretado corretamente, em minha opinião. Sem dúvida, sua previsão de que a arquitetura perderia o *status* de mídia cultural mais importante para mídias mais novas se concretizou. No entanto, as novas mídias não desbancaram a arquitetura por causa de sua maior força e durabilidade, como previsto por Hugo, mas exatamente por razões contrárias: por serem rápidas, fugazes e dispensáveis. O livro impresso foi o primeiro grande passo rumo ao mundo visual e simultâneo de hoje. Os primeiros livros de arquitetura, em conjunto com o aumento das viagens (o Grand Tour), facilitaram a propagação de ideais estilísticos, como os princípios paladianos da arquitetura. Ao mesmo tempo em que os ideais de arquitetura se tornaram universais por meio de sua presença na forma impressa, a arquitetura perdeu seu status de local mais importante para as informações culturais, de acordo com a previsão de Hugo.

Quando até mesmo os estilos se tornaram artigos de elaboração e consumo consciente na sociedade consumista atual, percebeu-se que a arquitetura é um meio de comunicação incuravelmente incômodo se comparada com as novas formas de mídia de massa descartáveis. O significado fundamental da arquitetura – até mesmo na civilização da imagem – é a integração e a estabilidade, como pregou Sir Christopher Wren, mas essas qualidades estão em conflito evidente com a ideologia do consumo. Na verdade, a vida útil normalmente longa dos edifícios e de outras construções materiais está em conflito evidente com as ideias de consumo momentâneo, obsolescência programada e substituição repetida. A estratégia do consumo exige a efemeridade, a alienação e o estilhaçamento da consciência. Uma visão de mundo coerente revelaria, sem dúvida, a insanidade do crescimento e do consumo obsessivos.

A arquitetura e o espetáculo

A arquitetura sempre inventou a realidade e a cultura por meio da transformação dos contextos humanos em imagens e metáforas de vida e de ordem idealizada, em narrativas arquitetônicas fictícias. Historicamente, a arquitetura também existiu entre as dimensões cósmica e humana, a eternidade e o presente, os deuses e os mortais. Ela desempenha um papel central na criação e projeção de uma autoimagem idealizada de determinada cultura. Esse objetivo idealizador é tão claro na arquitetura e na *polis* grega (ilustração, página 122, a Acrópole, Atenas, Grécia) quanto nas estruturas arquitetônicas romanas e na organização da cidade de Roma. Uma esfera especial da arquitetura idealizada inclui utopias e projetos de arquitetura fictícios cuja construção sequer foi pensada, como é o caso dos famosos desenhos do *Carceri d'Invenzione*, de Giovanni Battista Piranesi (1720–78), dos projetos dos utópicos franceses na época da Revolução Francesa e das visões da arquitetura de vidro dos arquitetos expressionistas alemães. Contudo, as excessivas técnicas de imagem atuais e o imaginário instantâneo da arquitetura frequentemente parecem criar um mundo de ficções de arquitetura autônomas, que negligenciam por completo a base e os objetivos existenciais fundamentais da arte da edificação. Trata-se de um mundo arquitetônico alienado, sem gravidade e materialidade, tato e compaixão. As primeiras visões da arquitetura refletiam uma forma viável de cultura e estilo de vida, enquanto as visões que, hoje, são geradas por computador normalmente aparecem como meros exercícios gráficos, sem a sensação de vida real. Os contextos temáticos e simulacros arquitetônicos fictícios da atualidade – como os shopping centers e praças urbanas – exemplificam essa perda de sinceridade e inocência culturais. Será que, hoje, somos manipulados por imagens criadas por nós mesmos? Sim, somos – e as imagens arquitetônicas estáticas de nossa era de exibicionismo pessoal e narcisismo ocultam questões fundamentais e decisivas de estilo de vida e de valor, além de embaçarem a visão de um futuro ético e biologicamente saudável.

Da "sociedade do espetáculo", promovida por Guy Debord,[16] estamos nos transformando rapidamente na sociedade do controle e da manipulação. O controle secreto do comportamento e da vida individual por meio de imagens e recursos técnicos já ultrapassa o modo visual; o marketing multissensorial manipula experiências, sentimentos e desejos por meio de sons, sensações táteis, gostos e cheiros. Na realidade, hoje somos colonizados por todos os nossos sentidos. Noções como "marketing multissensorial", "*branding* dos sentidos", "persuasão sensorial", "aproveitamento do subconsciente sensorial", "canalização do espaço da mente" e "hipersensualidade do mercado contemporâneo" são usadas para descrever as estratégias sensoriais inovadoras de um marketing cientificamente erudito.[17] Essa expansão da colonização sensorial é exemplificada pela recente tentativa, por parte dos fabricantes das motocicletas Harley-Davidson, de patentear o som rouco e masculino característico de seus motores.[18]

Uma forma peculiar de "colonização" arquitetônica ocorre por meio da aplicação acrítica de tecnologias, como o eficiente condicionamento mecânico do ar, que possibilita construir no mesmo estilo universal em qualquer lugar, sem considerar os climas locais.

Hoje, as obras dos arquitetos famosos buscam o mesmo tipo de efeito de circuito fechado e identificação de produto; existem, inclusive, exemplos de arquitetura "franqueada", isto é, projetos comercializados pelos escritórios globalizados de arquitetos famosos que aspiram à expressão de uma marca identificável. Os grandes impérios da história das civilizações sempre marcaram seus territórios com uma arquitetura específica. A arquitetura, por sua vez, sempre promoveu o poder. A arquitetura da imagem globalizada da atualidade reivindica agressivamente o território da economia do mercado globalizado, que é a fase mais recente do capitalismo mundial.

O consumismo e sua principal ferramenta – a publicidade – têm, inclusive, consequências ideológicas. "A publicidade transforma o consumo em um substituto para a democracia. A escolha do que comer (ou vestir ou dirigir) toma o lugar de escolhas políticas significativas. A publicidade ajuda a mascarar e compensar tudo o que não é democrático na sociedade. Além disso, mascara o que acontece no resto do mundo", argumentou John Berger há mais de três décadas.[19] O argumento de Berger sugere que estamos vivendo em um mundo de múltiplas realidades e que somos expostos, à força, a realidades de faz de conta. No mundo atual, marcado por informações globais instantâneas e capital fluido, fica mais evidente do que nunca que um véu de disfarce em eterna expansão e o condicionamento mental frequentemente mascaram a esfera das intenções reais. O jornalismo crítico e os vários movimentos de cidadania têm a tarefa inútil de tentar desmascarar a realidade fabricada na qual somos forçados a viver.

Imagens de controle e emancipação

A noção de "imagem" é utilizada, com frequência e de modo fundamental, com significados diferentes e contextos variáveis. A mesmíssima palavra é usada de forma indiscriminada para imagens, objetos da percepção e entidades da imaginação, sonhos e devaneios. As imagens são empregadas para inúmeros fins, mas existem dois tipos opostos de imagens em relação à liberdade individual do sujeito: imagens que determinam, manipulam e condicionam, enquanto outras emancipam, atribuem poderes e inspiram. O primeiro tipo é exemplificado por imagens criadas para o condicionamento político e do consumo; o segundo, por imagens poéticas e artísticas emancipadoras. A primeira categoria restringe, confina e enfraquece a liberdade, a escolha e a individualidade do sujeito ao focar e canalizar sua atenção e consciência em um padrão forçado, muitas vezes baseado no sentimento de culpa e inferioridade do sujeito. A outra categoria de imagens abre, fortifica e libera por meio do fortalecimento da imaginação, emoção e afeto pessoais. A primeira categoria de imagens nos enfraquece e nos torna mais incertos em relação a nós mesmos e dependentes de autoridade, enquanto o imaginário poético reforça nossa noção de existência, autonomia e independência individual. As imagens poéticas são imagens de integridade e liberdade individuais.

Todas juntas, as imagens criam um canal direto com a mente e as emoções humanas. Esse canal pode ser utilizado para fins múltiplos e até opostos – humanistas ou totalitários, benevolentes ou cínicos. Até mesmo na historiografia, inúmeros fatos fragmentados são compilados em imagens e narrativas, fazendo com que nossa concepção da história seja totalmente determinada por essas imagens

A IMAGEM QUE COMANDA E A IMAGEM QUE EMANCIPA

As imagens focam e controlam a atenção e a consciência do sujeito com objetivo de manipular emoções e comportamento – ou liberam e inspiram sua imaginação ao abrir uma dimensão de liberdade imaginativa individual.
Ludwig Hohlwein, *Und Du? (E Você?)*, 1932. Cartaz político, litografia em *offset*, 117,5 x 80,6 cm.
A vigorosa imagem de um cartaz político. Ela enfraquece o senso de identidade pessoal do observador ao concentrar sua imaginação.
Sigurdur Gudmundsson, *Encore* (detalhe), 1991.
A imagem poética libertadora de um artista da Islândia. Ela confere poder ao observador e abre sua imaginação.

condensadas e pré-narradas do fluxo temporal fundamentalmente fora de foco e amorfo de lugares, personalidades e eventos. A progressão da história normalmente é contada como uma narrativa entre as datas de guerras, acordos, descobertas e grandes personalidades; como se sabe, as histórias padrão são compostas pelos relatos dos vencedores.[20]

O desenvolvimento de tecnologias de imagem e a produção em massa de narrativas fictícias já alteraram as noções de realidade e ficção. A fusão da realidade com a fantasia, do fato com a ficção, de preocupações éticas com estéticas, do passado com o futuro, é uma das estratégias fundamentais das práticas políticas e econômicas atuais. Para Kearney, a situação cultural é realmente crítica: "Encontramo-nos em um impasse no qual a própria relação entre a *imaginação* e a *realidade* não parece estar apenas invertida, mas completamente subvertida".[21] Contudo, o mundo da arte também é, frequentemente, um mundo pré-narrado e manipulado de modo magistral. A realidade financeira de que, atualmente, nações inteiras estão vivendo a crédito é outra indicação alarmante da aceleração da vida e do controle de realidades fictícias; cada vez mais, vivemos no tempo futuro e perdemos a noção do presente.

Desde os primórdios da humanidade, a tarefa cultural da narração de histórias, da literatura e da arte era produzir e preservar "o outro nível da realidade" – para usar uma noção de Herbert Marcuse[22] –, isto é, o nível dos sonhos, crenças, mitos e ideais, com o objetivo de criar um contraponto mental essencial com a experiência da realidade cotidiana, que é mundana e, geralmente, deprimente. Em décadas recentes, porém, a responsabilidade ética dos artistas e escritores parece ter se invertido; hoje, sua tarefa é fortalecer nossa experiência do real. No prefácio de seu romance *best-seller* intitulado *Crash* (1973), J.G. Ballard discute esse efeito, sugerindo que a relação entre a ficção e a realidade está em processo de inversão. Nós vivemos, cada vez mais, em mundos de ficção e, portanto, a tarefa do escritor deixou de ser a invenção da ficção. As ficções já existem; a "tarefa do escritor é inventar a realidade".[23]

O senso do real

A condição da arquitetura mudou da mesma maneira. Em um mundo que se torna cada vez mais fictício mediante uma arquitetura da imagem comercializada e uma instigante e sedutora arquitetura da imagem na retina, a tarefa do arquiteto crítico, profundo e responsável é criar e defender o senso do real. Em vez de criar ou apoiar um mundo de fantasia, a tarefa da arquitetura é fortalecer nossa experiência do real nas esferas da percepção e da experiência, assim como na interação cultural e social. Quando nossos contextos se transformam em fachadas temáticas e fabricadas de uma cultura fictícia – simulacros, para usar uma noção empregada com frequência por Umberto Eco e outros filósofos da pós-modernidade –, o dever da arquitetura responsável é defender a autenticidade e a autonomia da experiência humana. Em um mundo de simulacros, simulação e virtualidade, a tarefa ética dos arquitetos é providenciar a pedra de toque do real.

Em minha opinião, no futuro próximo, a noção de "real" passará a sugerir, cada vez mais, o que é justificável pela perspectiva biológica, tanto no passado como no futuro. A noção do real em nossos contextos de vida não pode ser expandida e relativizada infinitamente; somos seres biológicos e históricos cujos sistemas físicos, metabólicos e neurais inteiros foram sintonizados ao máximo de acordo com a realidade de nossos fatos físicos, ecológicos e biológicos. A realidade humana, bem como nosso futuro, está inegavelmente arraigada em nosso passado biológico e cultural – e também em nossa sabedoria com relação ao futuro.

Uma das principais razões pelas quais a imagem se tornou um meio tão poderoso de manipulação está no fato histórico de que o pensamento filosófico, científico e também pedagógico ocidental logocêntrico negligenciou, ou até mesmo negou por completo, a função do imaginário e da imaginação no pensamento humano, na comunicação e na vida cotidiana. Como consequência, a realidade se tornou refém da esfera do raciocínio e da pesquisa sérios, e cada vez mais vem sendo explorada à força para fins de manipulação. Novamente, isso é paradoxal em uma cultura dominada pela visão em um grau em que a visão foi aceita como metáfora comum para a verdade.[24]

Não há dúvida de que a humanidade do terceiro milênio é resultado de centenas de milhares de anos de imaginação e imaginário humanos. Somos criaturas do mundo vivo que, deliberadamente, domaram e moldaram a si mesmas. As imagens ajudaram a humanidade a libertá-la de imperativos biológicos escravizantes. Mas será que nos tornamos vítimas de nossa própria imaginação? Será que a imaginação humana, combinada com o desejo de poder e de controle, se voltou contra nós enquanto espécie biológica? Mais uma vez, minha resposta a essa pergunta é: sim, acredito que sim.

Se a imaginação e as imagens emanciparam a raça humana, será que uma imagem reumanizada conseguiria nos libertar outra vez? Será que a imagem poética e incorporada, junto com a imaginação altruísta, desinteressada e autenticamente curiosa, poderia abrir para nós um futuro otimista e nos emancipar novamente?

Este livro foi escrito com a crença de que podemos nos liberar e nos sensibilizar por meio da compreensão novamente mítica e poética do mundo, e de que a imaginação humana é autônoma, autogeradora e sem limites. É encorajador o fato de que, nas últimas décadas, o imaginário científico parece ter se aproximado do imaginário poético e vice-versa. Vivemos em um mundo – ou mundos – imaginativo feito por nós mesmos, e o futuro da humanidade se encontra inteiramente em nossa capacidade de imaginação. Os capítulos a seguir analisam a essência da imagem mental e da imaginação, sugerindo maneiras para que possamos replantar a arte da arquitetura em seu solo existencial.

Referências

1 Richard Kearney, The Wake of Imagination, Routledge (London), 1994, p. 3.
2 Italo Calvino, Six Memos for the Next Millennium, Vintage Books (New York), 1988, p. 57.
3 Richard Kearney, The Wake of Imagination, 1994, p. 383.
4 Como citado em Richard Kearney, Poetics of Imagining: From Husserl to Lyotard, Harper Collins Academic (London), 1991, p. 8.
5 O estudo é citado em Kearney, The Wake of Imagination, 1994, p. 1.
6 Como citado em Norris Kelly Smith, "Crisis in Jerusalem", Late Entries, Vol II, Rizzoli International Publications (New York), 1980, p. 108.
7 Especialmente Fredric Jameson em Postmodernism, or, The Cultural Logic of Late Capitalism, Duke University Press (Durham), 1991, e David Harvey em *The Condition of Postmodernity*, Blackwell Publishers (Cambridge, MA and Oxford, UK), 1990.

"Tudo tende a se achatar no nível da contemporaneidade e simultaneidade, gerando, portanto, uma retirada do contexto histórico da experiência, afirma Jameson (p. 9). Harvey ressalta o achatamento do pensamento artístico: "Pouco surpreende que a relação do artista com a história [...] tenha mudado, que na era da televisão para as massas tenha surgido um apego às superfícies em vez de às raízes, à colagem em vez de à obra profunda, às imagens coletadas e sobrepostas em vez de às superfícies trabalhadas, a um senso arruinado de tempo e espaço em vez de à solidez obtida por meio dos artefatos culturais" (p. 61).

8 Richard Kearney, The Wake of Imagination, 1994, p. 2.
9 Ibid.
10 Ibid.
11 Ibid. p. 6.
12 Os estudos neurológicos mais úteis para este contexto estão listados na Bibliografia Selecionada, nas p. 140–142.
13 Nicholas Carr, "Is Google Making Us Stupid?" (http://www.theatlantic.com/magazine/archive/2008/07/is-google-making-usstupid/6868/).
14 Victor Hugo, The Hunchback of Notre-Dame, trans Catherine Liu, The Modern Library (New York), 2002, p. 168. O título infeliz da tradução inglesa, que desagradou ao próprio Victor Hugo, torna o sineiro deformado o protagonista do romance, em vez da própria catedral.
15 Victor Hugo, The Hunchback of Notre-Dame, 2002, p. 162.
16 Guy Debord, The Society of the Spectacle, Zone Books (New York), 1995.
17 David Howes, "Hyperesthesia, or, The Sensual Logic of Late Capitalism", in Empire of the Senses, edited by David Howes, Berg Publishers (Oxford and New York), 2005, p. 281–303.
18 David Howes, David Howes, Empire of the Senses, 2005, p 288.
19 John Berger, The Ways of Seeing, The British Broadcasting Corporation (London), 1977, p. 149.
20 A história dos assentamentos humanos no mundo, escrita por Jared Diamond, Guns, Germs, and Steel, WW Norton & Company (New York and London), 1999, narra a distribuição gradual das espécies humanas ao redor do mundo, desde suas origens no leste africano, e incluindo a lógica dos movimentos contemporâneos de grupos humanos. Sua narrativa apresenta causas totalmente diversas em comparação com as histórias convencionais.
21 Richard Kearney, The Wake of Imagination, 1994, p. 3.
22 Herbert Marcuse, One-Dimensional Man: Studies in the Ideology of Advanced Industrial Society, Beacon Press (Boston), 1964, p. 57.
23 Como citado em Lars Fr H Svendsen, [A Philosophy of Boredom], Kustannusosakeyhtiö Tammi (Helsinki), 1999, p. 92.
24 Quanto à hegemonia da visão e do pensamento logocêntrico, veja meus livros anteriores, *The Eyes of the Skin* (1995 e 2005) e *The Thinking Hand* (2009), bem como as várias obras citadas nestes dois estudos.

2 Linguagem, Pensamento e Imagem

Entre o conceito e a imagem, não existe possibilidade de síntese. Nem mesmo de afiliação.[1]

Gaston Bachelard, *Gaston Bachelard: On Poetic Imagination and Reverie*, 1998

As palavras do discurso do silêncio não são imagens; na realidade, não existem imagens verbais, pois uma palavra que se tornou uma imagem deixou de ser um signo.[2]

Jean-Paul Sartre, *The Psychology of Imagination*, 1948

As relações e interações entre o imaginário e a linguagem, entre a percepção e o pensamento, são fundamentais para a compreensão da mente humana e da criatividade. No passado, os pontos de vista prevalecentes sobre a linguagem negligenciavam a função das imagens. Durante as últimas décadas, porém, experimentos psicológicos e psicolinguísticos revelaram e comprovaram a função crucial das imagens mentais, ou representações neurais, na linguagem e no pensamento. Esses pontos de vista têm enorme importância especialmente nas filosofias e metodologias da educação.

Imagem e linguagem

A postura ocidental tradicional insiste, teimosamente, em que a linguagem e o pensamento são fenômenos psicológicos puramente incorpóreos e não associados ao corpo. De acordo com essa postura, existem coisas materiais tangíveis, por um lado, e o pensamento não associado ao corpo, por outro, sendo que o pensamento está vinculado exclusivamente às nossas faculdades linguísticas.³ Essa postura prevalece, hoje, até mesmo no pensamento erudito estabelecido, como exemplificado pela recente discussão entre dois reputados estudiosos linguísticos citada por Frode J. Strømnes em seu livro *The Fall of the Word and the Rise of the Mental Model*, que busca retirar a palavra de sua posição hegemônica na tradição do pensamento ocidental:

> Os pensamentos – ou, como às vezes são chamados, as "atitudes propositais" (...) – são representações (corretas e equivocadas) internas do mundo externo (...). Precisam ser similares à linguagem em caráter. Em primeiro lugar, os pensamentos aparentam ter as mesmas propriedades semânticas que as sentenças das linguagens humanas (...). Em segundo lugar, os pensamentos têm a sintaxe das sentenças (...). Finalmente, os pensamentos são como as sentenças por serem abstratos (...). Imagens, mapas e diagramas podem estar *associados com* pensamentos, especialmente com aqueles de base perceptual, mas não são pensamentos em si.

AS PALAVRAS E O IMAGINÁRIO VISUAL

A suposição atual é de que o discurso tem origem no gesto. A imagem tem a capacidade de comunicar e transmitir significado sem palavras e inclusive além dos significados verbalizados.

Diversas telas de René Magritte ressaltam a arbitrariedade das palavras. "O conhecimento que o cérebro tem sobre outras coisas que estão fora de seu próprio sistema de armazenamento é armazenado por modelos mentais homeomórficos" (Strømnes, 2006, p. 31).

Jannis Kounellis, *Porta Murata* (*Pórtico Murado*), 1990. Carbono, boca do artista.

Muitas vezes, pode ser impossível expressar o significado da imagem visual em palavras.

René Magritte, *Ceci n'est pas une pomme* (*Isto não é uma maçã*), 1969. Coleção particular.

Magritte tem várias pinturas sobre a discrepância entre palavras e imagens.

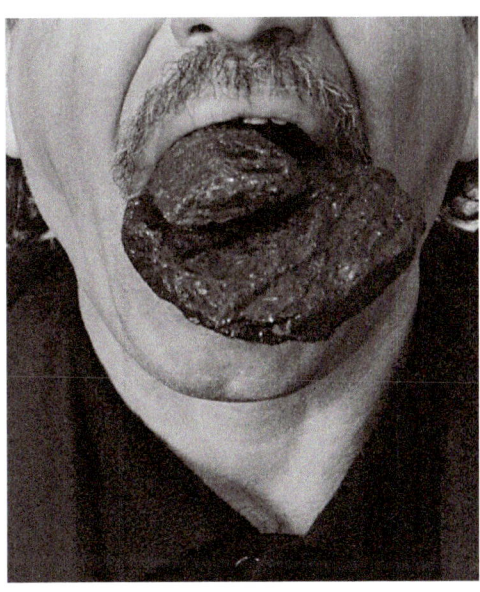

> A representação pictórica é demasiadamente rica e ambígua para capturar o conteúdo do pensamento (...). Em resumo, muitos pensamentos não têm como ser retratados; qualquer imagem pode ser associada com muitos pensamentos. O pensamento e a conversa são abstratos – e abstratos da mesma maneira. [O itálico é do texto original.]⁴

Costumamos acreditar que pensamos e nos comunicamos diretamente por meio de palavras e estruturas linguísticas, quando, na verdade, pensamos e nos comunicamos por meio de imagens e modelos mentais ou padrões neurais. Constantemente construímos, comparamos, armazenamos e trocamos modelos mentais, ou neurais, que são mediados e elaborados por meio de estruturas linguísticas e palavras.

Uma recente pesquisa psicolinguística confirmou, de modo convincente, o uso de imagens mentais e modelos neurais em processos de pensamento e fala. As descobertas dessa pesquisa apoiam completamente a suposição de que modelos mentais corpóreos contêm conhecimento e também são usados em vários sistemas de símbolos. Segundo o psicolinguista Strømnes, aparentemente não existem evidências empíricas que suportem "o ponto de vista de que pensamentos e proposições não análogos têm uma realidade psicológica, ao passo que há bastante suporte para o ponto de vista de que entidades neurais análogas são essenciais para o pensamento e a resolução de problemas".⁵ Ele faz mais um esclarecimento: "Consequentemente, é possível sustentar que os correlatos neurais de palavras não passam de endereços, que indicam onde as entidades neurais portadoras de conhecimento estão armazenadas no cérebro. Portanto, o conhecimento que o cérebro tem acerca de coisas que não são de seu próprio sistema de armazenamento é armazenado por *modelos mentais homeomórficos*".⁶ Jean-Paul Sartre formula a ideia da função mediadora da palavra: "Enquanto significado, uma palavra não passa de um farol: ela se apresenta, desperta um significado e esse significado nunca retorna à palavra, mas avança rumo à coisa, e a palavra é derrubada".⁷

Além da realidade inegável do imaginário no pensamento e na linguagem, também ficou evidente que esse imaginário se fundamenta na corporificação, uma vez que nosso imaginário mental surge, fundamentalmente, de nosso corpo e de nossa existência, referindo-se a eles, na "carne e osso do mundo".⁸ As noções de carne e osso do mundo e de "Quiasma"⁹ de Maurice Merleau-Ponty nos transformam em verdadeiros participantes do mundo, em vez de vivenciarmos como meros observadores. O pensamento verbalizado parece ser uma articulação e terminação de um processo ou reação fundamentalmente corporificado. A linguagem parece articular e expressar energias e processos corporificados e neurais; o discurso não advém de palavras, mas o processo cognitivo de ativação sensorial e neural termina em uma expressão verbal. "O corpo cria suas sensações; portanto, existe uma imaginação corpórea", como afirma o filósofo/psicanalista Cornelius Castoriadis.[10] Quando começo a expressar um argumento, não tenho a ideia ou sentença verbalmente formulada em minha mente. Sinto uma pressão corporificada para expressar algo válido em relação à situação em questão, e as palavras surgem para dar forma a essa reação corporificada. É como se meu corpo, ou minha existência corporificada, com seu contexto e historicidade da experiência, falassem com a mediação da minha língua. Falo como um ingrediente da carne e osso do mundo, e o discurso é, fundamentalmente, um modo existencial de comunicação, assim como a expressão artística.[11]

Para explicar os meios artísticos pelos quais os poetas e romancistas conseguem fazer com que seus leitores construam contextos visuais completos e complexos a partir de palavras impressas, a filósofa/esteta Elaine Scarry faz uma pergunta provocadora em seu livro *Dreaming by the Book*: "Por qual milagre um escritor consegue nos incitar a trazer à tona imagens mentais que lembram, em sua qualidade, não nossos próprios devaneios, mas nossos próprios atos perceptuais (...)?".[12] Em sua opinião, grandes escritores – de Homero, Flaubert e Rilke aos maiores da atualidade, como Seamus Heaney – intuíram, por meio de palavras, como o cérebro percebe as imagens. A sugestão de que os escritores imitariam intuitivamente os processos perceptuais do cérebro e, consequentemente, seriam capazes de expandir a imaginação visual do leitor e, de certa forma, até mesmo direcionar sua imaginação, parece exagerada. No entanto, Semir Zeki, um dos mais ilustres neurobiólogos, faz uma sugestão surpreendentemente paralela no caso da arte visual: "Em grande parte, a função da arte e a função do cérebro visual são a mesma, ou, pelo menos, as metas da arte constituem uma extensão das funções do cérebro".[13] Ele confessa: "(...) tenho a opinião um tanto incomum de que os artistas são, de alguma maneira, neurologistas, pois estudam o cérebro com técnicas que são exclusividade suas, mas, mesmo assim, o estudam sem conhecer o cérebro e sua organização".[14] Os artistas expandem nossa imaginação visual mediante a intensificação da excitação de áreas específicas em nosso cérebro visual. Na opinião de Zeki, os grandes artistas intensificam a imaginação do observador ao imitarem intuitivamente a maneira pela qual o córtex visual constrói imagens. As opiniões de Zeki não são meras especulações teóricas, uma vez que se baseiam em estudos rigorosos dos processos neurais no cérebro visual.

Com base nos estudos de Johannes Vermeer, Zeki sugere que, em uma obra de arte, um jogo de estabilidade e ambiguidade excita e expande

INCOMPLETUDE E AMBIGUIDADE NA ARTE

A incompletude e a ambiguidade da imagem artística ativam nossas mentes e mantêm a atenção e o interesse ativos. Semir Zeki ressalta que a ambiguidade artística não é imprecisão ou incerteza no sentido usual das palavras, "mas, pelo contrário, certeza – a certeza de que muitas condições diferentes, e essenciais (sendo cada uma igual às outras), todas expressas em uma única pintura profunda – profunda porque representa tanta coisa tão fielmente" (Zeki, 1999, p. 26).

Michelangelo, *Escravo Despertando*, 267 cm de altura, cerca de 1519. Galeria da Academia, Florença.

O escultor fez diversas obras "incompletas" nas quais a matéria e a imagem disputam uma batalha eterna.

Jan Vermeer, *A Arte da Pintura*, cerca de 1666–67. Óleo sobre tela, 120 x 100 cm. Museu de História da Arte, Viena.

As telas de Vermeer são extremamente precisas na representação visual da cena, mas a narrativa humana oferece inúmeras interpretações abertas.

a imaginação. No caso das telas de Vermeer, seu imaginário visual projeta um alto grau de estabilidade, enquanto as relações humanas representadas das narrativas visualmente sugeridas permanecem extremamente enigmáticas. Essa sugestão também parece explicar por que imagens incompletas ou "amorfas" têm um efeito tão estimulante em nossa imaginação. As esculturas "incompletas" de Michelangelo, como os escravos musculosos lutando para libertar suas imagens de carne e osso da prisão de pedra, parecem explorar o princípio neurológico de Zeki.[15]

As recentes descobertas de pesquisas empíricas e investigações filosóficas nos obrigam a alterar os pontos de vista aceitos em relação à própria linguagem. Todavia, parece haver uma forte resistência cultural ao ato de questionar nossos pressupostos profundamente arraigados sobre o mundo, o papel da linguagem na cognição, bem como nós mesmos como seres cognitivos e imaginativos.

A afirmação bíblica da primazia da palavra – no Evangelho de João, o Gênese diz o seguinte: "No princípio era o Verbo, e o Verbo estava com Deus, e o Verbo era Deus" (João 1:1); e continua: "E o Verbo se fez carne" (João 1:14) – parece ter ocultado de nós a função e o poder da imagem.[16] Restam poucas dúvidas quanto à precedência ontológica: a imagem surgiu primeiro. A imagem originou o gesto corporificado e, em seguida, o gesto foi transformado em linguagem articulada por cordas vocais e, finalmente, por caracteres no papel.

A imagem filosófica

A linha hegemônica da filosofia ocidental também geralmente subestima a importância da imaginação e da imagem – ou negligencia essas realidades mentais por completo. Como afirma o filósofo Edward S. Casey: "Preocupados com questões logocêntricas, os filósofos têm se mostrado consistentemente céticos em relação à imagem e seus produtos. Esse ceticismo deriva, em grande parte, da concepção do pensamento filosófico como algo livre de imagens".[17] No início do século passado, Francis Galton fez a mesma observação ao dizer:

> O hábito de suprimir o imaginário mental deve [portanto] caracterizar pessoas que lidam com ideias abstratas; e, como seu poder de lidar fácil e firmemente com tais ideias é o critério mais garantido de um intelecto privilegiado, nós esperaríamos que a faculdade de visualização fosse atrofiar pela falta de uso entre filósofos. Após investigação, descobri ser exatamente esse o caso.[18]

Casey diz mais:

> Desde Platão [Platão colocou a imaginação em último lugar entre as faculdades mentais], os filósofos condenam o recurso ao imaginário como uma forma inferior de atividade mental – na melhor das hipóteses, uma muleta para, e, na pior, um empobrecimento da, reflexão pura. O pensamento filosófico, proclama Martin Heidegger, é "desprovido de charme e pobre em imagens". Permanece discutível, porém, se existe ou pode existir algo como um pensamento estritamente desprovido de imagens, um pensamento que dispense as imagens por completo, para se tornar "o pensamento pensando a si mesmo", na declaração provocativa e reveladora de Aristóteles.[19]

Apesar dessa forte tradição de depreciar a imagem e a imaginação como ingredientes verdadeiros e operacionais da consciência, pensamento e memória humanos, ficou evidente, aos poucos, que essas faculdades constituem o verdadeiro fundamento da própria humanidade. É impossível explicar as maravilhosas faculdades humanas de absorver, lembrar e compreender vastas entidades de informação – como a personalidade de uma pessoa, com toda a sua historicidade, ou o *continuum* de tempo e lugares durante a vida de alguém – sem a existência de esquemas corporificados, imagens, modelos mentais e metáforas corporificadas que estruturam, organizam, integram e mantêm enormes volumes de dados fragmentados de sensações e memórias. É igualmente impossível pensar em uma responsabilidade ética individual ou coletiva sem uma capacidade de imaginação que possa projetar e concretizar as consequências de escolhas comportamentais alternativas.

Vários filósofos de orientação fenomenológica, como Jean-Paul Sartre, Gaston Bachelard, Edward S. Casey e Richard Kearney, desenvolveram filosofias da imagem e da imaginação convincentes. Hoje, essas filosofias servem como base para a compreensão das atividades mentais humanas e da imaginação, bem como das capacidades criativas. Tais pontos de vista filosóficos também esclarecem decididamente os fenômenos das artes e da arquitetura que muitas vezes aparentam ser irracionais ou místicos.

Apesar da supressão histórica do imaginário nas teorias predominantes do pensamento, o reconhecimento da imagem e da imaginação não é completamente novo, pois Aristóteles já havia feito esta significativa observação: "A alma nunca pensa sem uma imagem".[20] A afirmação de Aristóteles remete, inevitavelmente, às suposições de Wittgenstein, feitas mais de dois milênios depois: "Uma proposição é uma imagem da realidade" (4.021) e "Uma proposição declara algo somente se for uma imagem" (4.03).[21]

Os significados de imagem e imaginação

Normalmente, a palavra "imagem" é usada como sinônimo de "desenho", "quadro", "representação visual" ou até mesmo "fotografia". Termos como "imagem", "imaginar", "imaginário", "imaginação", "imaginativo", "imagem mental", "imagem primitiva", "imagem afetiva" – sem falar em diversas noções relacionadas, como "fantasia", "metáfora", "metonímia", "ícone", "arquétipo" – formam um conjunto de conceitos e palavras mal definidos e utilizados com pouco vigor. Nossa compreensão comum das noções de "imaginação" e "imagem" é realmente muito vaga. Essa falta de definição e enfoque tem um papel distinto em nosso pouco entendimento de fenômenos sensoriais e mentais em geral. Em termos gerais, nossa cultura tem uma baixa compreensão e tolerância a fenômenos intrinsicamente difusos, extremamente autônomos, variáveis e indeterminados, como a emoção humana ou o imaginário mental e a imaginação.

Esse também é um dos motivos pelos quais nossas capacidades e atos criativos inerentemente difusos e vagos são compreendidos de modo limitado e conflituoso. A imagem tem sido tradicionalmente reconhecida em suas funções perceptuais, miméticas e mnemônicas, mas não como um meio de pensamento, exploração criativa e expressão artística. A noção é aplicada, muitas vezes, em áreas de relações públicas e negócios ("imagem pública", "imagem corporativa"), assim como nas artes pictóricas, mas não tanto na literatura ou arquitetura. Entretanto, o recente surgimento da arquitetura "pictórica" com uma imagem atraente introduziu a noção de contextos de

Capítulo 2 Linguagem, Pensamento e Imagem

arquitetura. O fato de também empregarmos as noções de imagens "hipnagógicas", "de sonho" e "alucinatórias" – muitas das quais foram consideradas, várias vezes, patológicas ou irresponsáveis – confundiu ainda mais a compreensão e a aceitação do imaginário como veículo central de nossos saudáveis e produtivos processos mentais, de nossa consciência e capacidade criativa.

A confusão mais comum ocorre entre os objetos da percepção sensorial e as imagens mentais imaginativas. Em seu livro *The Psychology of Imagination*, Jean-Paul Sartre afirma que "imaginar deve ser distinguido de perceber não por referência aos objetos que almeja, mas por referência ao ato da intenção. A imagem mental não é apenas algo que existe junto com outras coisas; é uma *orientação* única da consciência para as coisas" (itálico de Sartre).[22] "Os dois mundos, o real e o imaginário, são compostos dos mesmos objetos, sendo que somente o agrupamento e a interpretação desses objetos variam. O que define o mundo imaginário e também o mundo real é uma atitude de consciência", escreveu Sartre.[23]

> A imagem e os objetos da percepção não são, portanto, objetos diferentes da consciência; são maneiras diferentes de ter consciência dos objetos. A imagem é a relação da consciência com o objeto; em outras palavras, significa uma determinada maneira na qual o objeto aparece para a consciência, ou, se preferirmos, uma determinada maneira na qual a consciência apresenta um objeto para si mesma.[24]

IMAGEM DE SONHO E IMAGEM ARQUETÍPICA

Além de imagens de percepção normal, nossa mente emprega uma série de imagens mentais, imaginativas, como imagens hipnagógicas (de sonho), de devaneios e alucinatórias, que não possuem uma fonte externa imediata.

Henri Rousseau, *O Cigano Adormecido*, 1897. Óleo sobre tela, 129,5 x 200,7 cm. Museu de Arte Moderna, Nova York. Doação da Sra. Simon Guggenheim.

O imaginário dos sonhos surge a partir da "lógica" inconsciente do sonho.

A Vênus de Willendorf, também conhecida como *A Mulher de Willendorf*, é uma estatueta de figura feminina com 11 cm de altura; estima-se que tenha sido feita entre 22000 a.C. e 21000 a.C. Foi descoberta em 1908 pelo arqueólogo Josef Szombathy em um sítio paleolítico perto de Willendorf. Desde a descoberta e nomeação da figura, várias estatuetas e outras formas de arte similares foram encontradas. São chamadas, em conjunto, de estatuetas de Vênus, embora sejam de milênios antes da figura mitológica de Vênus.

A imagem é um exemplo do arquétipo da Grande Mãe. Os arquétipos não são simbolizações fechadas; são "resquícios psíquicos" profundos e coletivos que têm uma tendência a evocar certos tipos de associações.

Para Sartre, os mundos da percepção e da imaginação são mutuamente excludentes, embora possam lidar com os mesmos objetos e aspectos do mundo. Wittgenstein também ressalta a exclusividade dos dois atos: "Enquanto olho para um objeto, não posso imaginá-lo".[25] As recentes descobertas que mostram que objetos da percepção e imagens mentais ocorrem nas mesmas áreas do cérebro não parecem invalidar a assertiva do filósofo.

Apesar do ponto de vista historicamente predominante do pensamento desprovido de imagens e essencialmente verbal, teorias pioneiras do pensamento puramente visual, como as de Paul Klee, Wassily Kandinsky, Gyorgy Kepes e Rudolf Arnheim, expandiram decisivamente a compreensão do domínio do pensamento e da criatividade.[26] Pensar e articular a expressão e a emoção por meio de música e dança também estão claramente fora da esfera verbal e envolvidos com nossos sentidos de audição, movimentação e propriocepção.[27] Contudo, essas proposições práticas e teóricas oriundas da percepção e da experiência artísticas foram recebidas com suspeita e resistência em círculos filosóficos mais amplos, independentemente de sua evidente validade nas esferas da arte e da educação artística. Além disso, declarações de grandes cientistas sobre seus processos de pensamento criativo, como quando Albert Einstein descreveu a função dos aspectos visuais e musculares de seu pensamento matemático e físico, foram desconsideradas como meras curiosidades.[28]

É especialmente lamentável que as filosofias educacionais gerais predominantes no mundo ocidental tenham ignorado, em grande parte, o papel do imaginário e da imaginação, assim como as dimensões sensoriais e corporificadas da existência e do pensamento humanos. Esse preconceito se reflete no fato de que o ensino da arte e da arquitetura, em conjunto com as teses feitas nessas áreas, frequentemente precisam ser validados por "padrões acadêmicos", ou seja, por critérios teorizados normalmente empíricos e logocêntricos, em vez de serem encontrados e avaliados por meio de seus critérios inerentes de impacto sensorial, imaginário artístico e conteúdo emocional. Contudo, não há dúvida de que todos os nossos sistemas sensoriais, metabólicos e neurais "pensam" no sentido de coletar e manipular informações de situações da vida, além de projetar e iniciar reações significativas. Precisamos dizer mais: como sugerem os estudos do filósofo Mark Johnson e do linguista George Lakoff, o próprio pensamento é, fundamentalmente, um ato corporificado – e nosso sistema neural por inteiro participa desses processos.[29] Pesquisas neurológicas atribuíram um lugar para atividades distintas no cérebro, mas existem evidências convincentes de que o pensamento não ocorre em um lugar específico e é relacional.

"O pintor 'traz seu corpo consigo', diz [Paul] Valéry. Na verdade, não podemos imaginar como uma *mente* conseguiria pintar", afirma Merleau-Ponty.[30] É ainda mais impensável que uma mente, desvinculada da corporificação, possa conceber a arquitetura, por causa da função inquestionável do corpo na própria constituição da arquitetura; a arquitetura ocorre na carne e osso do mundo e na realidade humana carnal e vivida. Com a exceção da mente deformada e perturbada, além de certas alucinações patológicas, os pensamentos humanos ocorrem na mesma carne e osso do mundo, que também é ocupado por nosso ser corpóreo. Portanto, o pensamento não é principalmente abstrato ou alienado da realidade vivida; ele articula, comprime, destila e amalgama as experiências de vida. Como disse Jean-Paul Sartre: "A compreensão não é uma qualidade que chega à realidade humana vinda de fora; é sua maneira característica de existir".[31] Os processos do pensamento são fundamentalmente abertos, assim como os processos da vida em geral são abertos e autorregulados.

O pioneiro psicólogo norte-americano William James já havia feito um comentário significativo sobre o dinamismo, a relação e a historicidade fundamentais do pensamento, em 1890: "Cada imagem definida na mente está mergulhada e corada na água livre que flui por ela. Com ela, está o senso de suas relações, próximas e remotas, o eco corado de onde ela veio até nós, a nova ideia de aonde irá conduzir. A importância, o valor da imagem, está nesse halo ou penumbra que a cerca e a acompanha".[32]

No início do século passado, Ezra Pound, o poeta "imagista", exigiu o "choque e o golpe" da nova poesia, com base na imagem, para liberar a imaginação poética de seus exauridos maneirismos logocêntricos.[33] A meu ver, a arquitetura também requer o mesmo "choque e golpe" de uma vida verdadeiramente vivida e de uma experiência autêntica a fim de recuperar a base da realidade da arquitetura.

A natureza da imaginação

A imaginação é uma das maiores prerrogativas do ser humano. Com essa faculdade, ele une imagens e ideias anteriores, independentemente do desejo, e, assim, cria resultados novos e brilhantes... O sonho é um [tipo] involuntário de poesia.[34]

Charles Darwin

> A mente é, em cada etapa, um teatro de possibilidades simultâneas.[35]
> William James

> O ato da imaginação [...] é um ato mágico. É um encantamento destinado a fazer com que o objeto do pensamento de alguém, a coisa que se deseja, apareça de tal maneira que seja possível apossar-se dele.[36]
> Jean-Paul Sartre

Em nosso realismo ingênuo predominante, acreditamos que nossa consciência esteja principalmente envolvida com um mundo dado objetivamente e compartilhado coletivamente. Todavia, até mesmo uma introspecção crítica momentânea revela que, "artistas ou não, nós somos imaginadores irreprimíveis na vida cotidiana, na qual desfrutamos das atividades imaginativas de modo persistente, não apenas como um divertimento ocasional".[37] Processamos e projetamos reações significativas (pensamentos) em toda a nossa constituição. Precisamos reconhecer que vivemos em mundos mentais e fundamentalmente subjetivos de memória, sonho e imaginação, assim como em um mundo física e materialmente percebido e compartilhado de maneira experimental. De forma paradoxal, nosso mundo nos é dado, mas, ao mesmo tempo, é feito por nós mesmos. Em suma, encontramos o mundo como imagens – e esse imaginário é extremamente autônomo; ele não avança por meio da causalidade, mas por caminhos extravagantes de modos inconscientes e imprevisíveis de associação.

Muitas vezes, a imaginação é considerada como uma mera distração para a consciência, como a conotação pejorativa de devaneio, ou um pré-requisito mental para a criatividade, mas, na verdade, vivemos em um diálogo contínuo entre a imaginação e a "realidade", o mental e o físico. Como ressalta Edward Casey, "em certas situações, não imaginar é ainda mais difícil que imaginar, em primeiro lugar".[38] O filósofo também afirma que "não existe uma forma de diferenciar a imaginação de outros atos mentais, pois todos eles derivam de uma experiência sensorial [...]. O mundo de um poema não difere, portanto, em espécie, do mundo da memória; todas as diferenças são diferenças de grau".[39]

Existe uma afinidade neurológica inesperada entre as imagens e os objetos da percepção. Pesquisas recentes mostram que as imagens surgem nas mesmas zonas do cérebro que as percepções visuais e que, experimentalmente, as primeiras são tão reais quanto as últimas; as regiões do cérebro que participam da formulação de imagens são as mesmas em que os sinais neurais dos olhos, que originam as percepções visuais, são processados inicialmente.

A atividade neural na área do córtex visual relacionado às imagens é similar à atividade de olhar para figuras reais.[40] Entretanto, quando reconhecemos a afinidade experimental de imagens percebidas e imaginadas, sua diferença ontológica precisa ser identificada com firmeza. Na opinião de Gaston Bachelard: "A imaginação nos permite abandonar o curso ordinário das coisas. Perceber e imaginar são tão antitéticos quanto presença e ausência".[41]

A faculdade da imaginação tem sido reconhecida e valorizada entre escritores, poetas e outros artistas, bem como cientistas de todos os períodos. Anatole France chegou a dar à imaginação uma importância maior que ao conhecimento: "Saber é nada; imaginar é tudo",[42] enquanto Charles Baudelaire considera a imaginação como a verdadeira fonte de nosso mundo: "A imaginação criou o mundo".[43]

A imagem tem uma infinidade de faces. A fim de entender como nossa própria mente funciona e por que atrelamos afetos tão fortes às imagens, precisamos analisar o que realmente acontece em nossa mente quando nos deparamos com uma imagem artística, e a corporificamos, ou quando simplesmente imaginamos.

Referências

1 Gaston Bachelard, *On Poetic Imagination and Reverie*, selected, translated and introduced by Colette Gaudin, Spring Publications (Dallas, TX), 1998, p. 5.
2 Jean-Paul Sartre, *The Psychology of Imagination*, Citadel Press (Secaucus, NJ), 1948, p. 121.
3 Frode J. Strømnes, *The Fall of the Word and the Rise of the Mental Model*, Peter Lang (Frankfurt am Main), 2006, p. 19.
4 M. Devitt and K. Sterelny, *Language and Reality. An Introduction to the Philosophy of Language*, Blackwell (Oxford), 1987, p. 115–17, como citado em Strømnes, *The Fall of the Word and the Rise of the Mental Model*, 2006, p. 26.
5 Strømnes, *The Fall of the Word and the Rise of the Mental Model*, 2006, p. 31.
6 *Ibid.*
7 Sartre, *The Psychology of Imagination*, 1948, p. 30.
8 Maurice Merleau-Ponty descreve a ideia de carne em seu ensaio "The Intertwining – The Chiasm", em *The Visible and the Invisible*, Claude Lefort, editor, Northwestern University Press (Evanston, IL), 1969, fourth printing, 1992, p. 130–55.
9 Maurice Merleau-Ponty, *The Visible and the Invisible*, 1992.
10 Como citado em Arnold H. Modell, *Imagination and the Meaningful Brain*, MIT Press (Cambridge, MA, and London, UK), 2006, p. 69.
11 Em seu estudo recente sobre as consequências da corporificação na mente humana, *How the Body Shapes the Mind*, Shaun Gallagher faz um pressuposto similar sobre as origens da linguagem: "Uma vez que a corporificação determina a linguagem, poderíamos conceber a tradução de estruturas espaciais corporificadas na forma linguística, por meio dos gestos [...] Poderíamos imaginar os gestos como a origem da linguagem, e a linguagem escrita como gradualmente emergindo do movimento corporificado, uma espécie de motilidade oral. A fala, de acordo com esta noção, seria um sofisticado movimento do corpo. Ainda que isto seja verdade em parte, não é toda a verdade. Além disso, devemos entender como surgem os gestos, e se eles são gerados a partir do movimento locomotivo ou instrumental. Shaun Gallagher, *How the Body Shapes the Mind*, Clarendon Press (Oxford), 2006, p. 107. Quanto à origem da linguagem, veja: David F. Armstrong, William C. Stokoe e Sherman E. Wilcox, *Gesture and the Nature of Language*, Cambridge University Press (Cambridge), 1995.
12 Elaine Scarry, *Dreaming by the Book*, Princeton University Press (Princeton, NJ), 2001, p. 7.
13 Semir Zeki, *Inner Vision: An Exploration of Art and the Brain*, Oxford University Press (Oxford), 1999, p. 1.
14 *Ibid.* p. 10.
15 *Ibid.* p. 22–36.
16 Sigurd Bergmann, professor de Estudos Religiosos, na verdade defende a primazia da imagem: "No princípio não era o Verbo, ao contrário do Evangelho segundo São João. No início, na verdade era o ícone, a criação, a expressão, a experiência interna visual, a ordem no caus." Bergmann pergunta: "Será que estamos sofrendo de uma deformação cultural devido ao papel historicamente superior da palavra em nossas mentes e pensamentos? As artes visuais podem, tanto em seus aspectos criativos e reflexivos, retificar esta deformação e talvez até mesmo aboli-la?" Sigurd Bergmann, *In the Beginning is the Icon: A Liberative Theology of Images, Visual Arts and Culture*, Equinox (London and Oakville, CT), 2009, p. 2.
17 Edward S. Casey, *Imagining: A Phenomenological Study*, Indiana University Press (Bloomington and London), 1976, p. X.
18 Como citado em Casey, *Imagining*, 1976, p. X.
19 Casey, *Imagining*, 1976, p. X.
20 *Ibid.* p. 16. A citação deriva de Aristóteles, *De Anima*, 431a16.
21 Ludwig Wittgenstein, *Tractatus Logico-Philosophicus* (1918), Lightning Source (Milton Keynes), 2009, p. 33 e 34.
22 Como citado em Richard Kearney, *Poetics of Imagining: From Husserl to Lyotard*, Harper Collins Academic (London), 1991, p. 49.
23 Jean-Paul Sartre, *The Psychology of Imagination*, 1948, p. 27.
24 *Ibid.* p. 8.
25 Ludwig Wittgenstein, *Zettel*, section 621, como citado em Casey, *Imagining*, 1976, p. 146.
26 Veja, por exemplo, Paul Klee, *The Thinking Eye*, G Wittenborn (New York); second edition, 1964, e *Pedagogical Sketchbook*, Faber and Faber (London), 1925; Wassily Kandinsky, *Point and Line to Plane*, Solomon R. Guggenheim Foundation (New York), 1947; Gyorgy Kepes, *Language of Vision*, Paul Theobald (Chicago), 1961; Rudolf Arnheim, *Visual Thinking*, University of California (Berkeley and Los Angeles), 1969.
27 Quanto à relação olho-mente-mão na arquitetura, artesanato e arte, veja Juhani Pallasmaa, *The Thinking Hand: Existential and Embodied Wisdom in Architecture*, John Wiley & Sons (London), 2009.
28 Carta de Einstein, publicada com o Apêndice II em Jacques Hadamard, *The Psychology of Invention in the Mathematical Field*, Princeton University Press (Princeton, NJ), 1949, p. 142–3.
29 George Lakoff e Mark Johnson, *Philosophy in the Flesh: The Embodied Mind and its Challenge to Western Thought*, Basic Books (New York), 1999.
30 Maurice Merleau-Ponty, *The Primacy of Perception*, Northwestern University Press (Evanston, IL), 1964, p. 162.
31 Jean-Paul Sartre, *The Emotions: An Outline of a Theory*, Carol Publishing Group (New York), 1993, p. 9.
32 William James, *The Principles of Psychology* (1890), Dover Publications (New York), 1950.
33 Como citado em J. D. McClatchy, "Introduction", *Poets on Painters*, edited by J. D. McClatchy, University of California Press (Berkeley, Los Angeles, London), 1988, p. XI.
34 Como citado em Modell, *Imagination and the Meaningful Brain*, 2006, p. 25.

35 William James, *The Principles of Psychology*, Dover (New York), 1950, I, p. 290.
36 Jean-Paul Sartre, *The Imaginary*, Routledge (London and New York), 2010, p. 125.
37 Casey, *Imagining*, 1976, p. 3.
38 *Ibid*. p. 4.
39 *Ibid*. p. 11.
40 Ilpo Kojo, "Mielikuvat ovat aivoille todellisia" ["As imagens são reais para o cérebro"], *Helsingin Sanomat*, Helsinki, 16.3.1996.
41 Gaston Bachelard, *Air and Dreams: An Essay On the Imagination of Movement*, Dallas Institute Publications (Dallas, TX), 1988, p. 3.
42 Como citado em Casey, *Imagining*, 1976, p. XI. Fonte da citação: Anatole France, *The Crime of Sylvester Bonnard*, Harper (New York), 1890, Part II, Chapter 2.
43 Como citado em Casey, *Imagining*, 1976, p. 1. Fonte da citação: Charles Baudelaire, "La Reine des Facultés" em *Curiosités esthétiques [et] L'Art romantique*, Garnier (Paris), 1962, p. 321.

3
As Muitas Faces da Imagem

Quando falo em poesia, não penso nela como um gênero. A poesia é uma consciência do mundo, uma maneira particular de se relacionar com a realidade.[1]

Andrei Tarkovsky, *Sculpting in Time – Reflections on the Cinema*, 1986

[Um verdadeiro poema é aquele que] faz o cabelo arrepiar, os olhos lacrimejarem, a garganta secar, a pele formigar e um calafrio descer pelas costas.[2]

Robert Graves, *The White Goddess*, 1948

A noção de imagem está normalmente vinculada a uma representação ou figura visual esquemática. Porém, em nossa vida mental, constantemente empregamos imagens mentais ou imaginárias. A faculdade crucial da imagem é sua capacidade mágica de mediar entre o físico e o mental, o perceptual e o imaginário, o fatual e o não fatual. As imagens poéticas, em especial, são corporificadas e vivem como parte de nosso mundo existencial e senso de existência. Imagens, arquétipos e metáforas estruturam nossas percepções, pensamentos e sentimentos; são capazes de comunicar mensagens de momentos profundos, além de mediar narrativas épicas da vida e do destino humanos.

A imagem vivida e corporificada

A poesia é uma metafísica do momento. Precisa transmitir, dentro do espaço de um poema curto, uma visão do universo e os segredos

> de um coração, de uma pessoa, de coisas – e fazer tudo isso de uma vez só. Se simplesmente obedecesse à escala temporal da vida, seria algo menor que a vida; é como se conseguisse ser maior que a vida mediante a imobilização da vida e da experiência naquele momento, a dialética da alegria e da dor. É o princípio de uma simultaneidade essencial, na qual o ser mais difuso e desunido alcança a unidade.[3]
>
> Gaston Bachelard, *The Right to Dream*, 1988

No uso comum da linguagem, o conceito de "imagem" se refere a um objeto da percepção sensorial real, representação pictórica ou imagem mental imaginativa. Diferentemente da compreensão usual da palavra, a imagem poética se refere a uma experiência sensorial evocativa, afetiva e significativa que contém camadas, é associativa e é dinâmica, interagindo constantemente com a memória e o desejo. Remetendo às crenças de Tarkovsky expostas anteriormente, não me refiro à poesia como um gênero de expressão artística, mas como sensibilidade artística em geral. Assim, a palavra "poético" (ou poética), neste livro, se refere a ideias de arquitetura sutis e visionárias, bem como ideias em verso. As imagens poéticas são estruturas mentais que direcionam nossas associações, emoções, reações e pensamentos. Em função de seus ingredientes contraditórios e frequentemente ilógicos, a imagem poética foge à leitura e à explicação racionais, lineares e exclusivas. Ela instiga nossos sentidos, imaginação e emoções; com frequência, também evoca nosso senso de empatia e compaixão. Ocupa nossa mente, condiciona nossos pensamentos e sentimentos e resulta em uma realidade imaginativa. A imagem poética transcende sua essência material e racional.

O mundo poético imaginativo surge no encontro da imagem poética. Jorge Luís Borges ressalta como essa realidade poética surge: "O sabor da maçã (...) está no contato da fruta com o palato, não na própria fruta; da mesma forma, (...) a poesia está no encontro entre o poema e o leitor, não nas linhas ou símbolos impressos nas páginas de um livro. O essencial é o ato estético, a vibração, a emoção quase física que advém de cada leitura".[4]

A imagem poética da expressão artística é encontrada em uma maneira totalmente corporificada e emotiva na carne do mundo. Não é uma mera imagem da audição ou visão, ou figura de representação ou linguagem, fora de nosso domínio pessoal e vivido. A imagem poética é uma experiência internalizada. Com sua noção de "identificação projetiva", Melanie Klein sugere que projetamos fragmentos de nós mesmos no outro.[5] Uma identificação projetiva similar parece ocorrer quando estamos experimentando uma imagem poética. Compartilhamos nosso senso de vida com nosso imaginário mental; imagens poéticas parecem possuir uma força vital própria, como criaturas vivas. Entrar em um espaço, por exemplo, implica uma troca inconsciente, instantânea; entro e ocupo o espaço, enquanto o espaço entra e me ocupa. Além disso, imagens não visuais se tornam partes igualmente integrantes do encontro, de modo corporificado. As imagens visuais, auditivas, táteis, olfativas e gustativas poetizadas são "criaturas" experimentais do mundo vivo.

Além das imagens materiais da pintura e da escultura, a linguagem da poesia e da ficção literária tem um caráter corporificado. Palavras e expressões literárias poderosas possuem espacialidade, gravidade e tatilidade – ou solidez, como afirma Elaine Scarry.[6] Elas projetam sua própria materialidade e cosmos experimental. "Para alcançar a 'vivacidade' do mundo material, as artes verbais precisam, de alguma maneira, imitar também sua 'persistência' e, ainda mais importante, sua qualidade de 'doação'. É quase certo que o caráter 'instrutivo' das artes verbais cumpre o requisito mimético de 'doação'".[7] O escritor tcheco Bohumil Hrabal descreveu claramente a corporificação que acontece no ato da leitura: "Quando leio, não leio realmente: coloco uma bela frase em minha boca e a chupo como um pedaço de fruta ou a beberico como um licor, até que o pensamento se dissolva em mim como álcool. Infunde-se em meu cérebro e coração, seguindo pelas veias até a raiz de cada vaso sanguíneo".[8]

As obras de arte, a literatura e a arquitetura têm origem no corpo do autor e retornam ao corpo por meio da experiência do receptor/ouvinte/leitor da obra ou morador da casa, com a mediação da imagem artística. O poeta Charles Tomlinson ressalta esse envolvimento corporal na pintura e na poesia, tanto no ato da criação como na reexperimentação da obra: "A pintura desperta a mão, absorve seu senso de coordenação muscular, seu senso do corpo, digamos. A poesia também, ao se apoiar em suas ênfases, ao seguir em frente no final dos versos, ou repousar em pausas no verso, ela também coloca o homem inteiro em ação, com seu senso corporal de si mesmo".[9]

Em seu ensaio "Eye and Mind", Merleau-Ponty faz um importante comentário sobre a corporificação na arte da pintura: "Qualidade, luz, cor, profundidade, que estão frente aos nossos olhos, estão ali somente porque despertam um eco em nosso corpo e porque o corpo os recebe de bom grado (...). As coisas têm uma equivalência interna em mim; provocam uma fórmula carnal de sua presença".[10]

Essa "fórmula carnal" dá à obra de arte sua própria sensação de vida. Sem dúvida, experiências musicais evocam imagens e experiências similares de espaço, movimento, densidade, duração, escala, progressão e tensões corporais. Edifícios tocam nosso corpo e noção de equilíbrio corporal, tensão, propriocepção e movimento. Na verdade, os espaços de arquitetura abraçam e abrigam nossos corpos. A imagem de arquitetura é, fundamentalmente, um convite à ação; por exemplo, o piso convida à movimentação e atividade, a porta é um convite para entrar ou sair, a janela, para olhar para fora, a mesa, para se reunir em volta dela.

Ao longo da história, a arquitetura tem sido um meio de mediação entre o cosmos imensurável e a escala do homem, entre divindades e mortais. Ao mesmo tempo, espaços, dimensões e detalhes de arquitetura ecoam e acomodam medidas, movimentos e características ergonômicas do corpo humano, de inúmeras maneiras. Um edifício significativo cria um diálogo entre ele próprio e o corpo do usuário, assim como com sua memória e mente. Podemos concluir, com certeza, que a arquitetura é, fundamentalmente, uma forma de arte relacional e dialética em sua própria essência.

É razoável especular que nossa tendência automática e inconsciente de experimentar imagens como partes do mundo vivo possui uma justificativa bio-histórica. A percepção de imagens desprovidas de significado e não relacionadas, desvinculadas de seus contextos essenciais que conferem aos objetos da percepção um significado em termos de sobrevivência, não teria resultado em nenhuma vantagem evolucionária. A ausência de significado e a abstração não são características do mundo vivo biológico. Pelo contrário: somos capazes de captar as imagens em sua totalidade complexa em um instante. Na verdade, captamos a entidade, a "anatomia" e o significado de uma imagem antes de conseguirmos identificar seus detalhes ou compreendê-la intelectualmente. Nossa tendência é captar cada

INTERPRETAÇÕES SUBCONSCIENTES SE INFILTRAM NA PERCEPÇÃO
O fato de varrermos continuamente o campo perceptual em busca de possíveis significados é característico de nosso sistema perceptual. Como afirmou Anton Ehrenzweig, por exemplo, nossos sistemas sensoriais agem nos níveis consciente e inconsciente, enquanto aspectos fundamentais do imaginário artístico advêm diretamente do nível inconsciente. Também tendemos a ver imagens e significados reconhecíveis em padrões não intencionais e acidentais, como imagens de erosão.
Henri Michaux, *Sem título*, 1960. Museu de Arte Moderna, Nova York. Tinta sobre papel, 74,5 x 107,8 cm. Doação de Michel Warren e Daniel Cordier.
As configurações acidentais ganham uma animada vida interpretativa em função de nossa imaginação e inconsciente.
Jardim Ryoan-ji kare-sansui, O Templo do Dragão Pacífico, Quioto, cerca de 1488.
A configuração extremamente simples de 15 pedras sobre um retângulo de areia alisada se transforma em paisagens imaginárias de escala monumental por causa de nossa imaginação.

imagem, até mesmo a mais vaga e difusa, em sua força vital "do tipo de criatura" e em sua estrutura geral e importância. Buscamos automaticamente um significado inclusivo em imagens arbitrárias e desprovidas de significado, como em borrões de tinta acidentais, nas pinturas "amorfas" de Henri Michaux (ilustração, página 43, Henri Michaux, *Sem Título*), o poeta-pintor, nos gestos musculares e padrões de movimento dos pintores de ação, ou nos padrões de pedra sobre a areia alisada em um jardim zen seco (ilustração, página 43, Jardim Ryoan-ji kare-sansui, O Templo do Dragão Pacífico).

Experimentamos essas formações visuais acidentais e "amorfas" como representações de fenômenos do mundo real e da vida. A totalidade e a integridade de uma imagem – seja literária, pictórica, escultural, musical ou arquitetônica – parecem advir dessa percepção e compreensão subliminares de sua coerência "orgânica" e essência "biológica". A meu ver, é importante reconhecer que nossos sistemas de percepção, sensação, compreensão e reação evoluíram e foram ajustados para sobreviver em contextos específicos dezenas de milhões de anos antes que imagens e gestos fabricados deliberadamente se tornassem um meio de comunicação humana ou de expressão emocional ou artística intencional. Essa historicidade fundamental das imagens, bem como de nosso sistema para percebê-las e captá-las, costuma ser pouco considerada.

Recentemente, vários estudiosos examinaram a base bio-histórica da preferência humana por tipos distintos de paisagens e contextos (que lembram as condições da savana de uma fase anterior da evolução humana) e as situações espaciais que geralmente julgamos seguras e confortáveis. A situação espacial preferencial combina uma sensação de proteção do contexto imediato (refúgio) com uma vista ampla do ambiente, que proporciona uma sensação de controle (prospecto). Grant Hildebrand aplica de modo interessante o conceito de refúgio/prospecto à popularidade dos projetos de casas de Frank Lloyd Wright e mostra que o grande mestre entendeu intuitivamente essas reações profundas oriundas de nossa história biocultural. O apelo sensorial e mental do fogo certamente reflete experiências de prazer profundas e primordiais similares.[11]

As imagens têm vida própria há milhões de anos e se tornaram completamente integradas com o mundo da vida e com o sistema de reações humanas. Além disso, não existe um objeto da percepção ou imagem significativo no mundo biológico, uma vez que as percepções estão relacionadas à existência e à sobrevivência e, consequentemente, sempre têm um significado e uma importância em potencial. Estudos neurológicos recentes, como o *Inner Vision: An Exploration of Art and the Brain*, de Semir Zeki, e o *Neuroarthistory*, de John Onian,[12] conectam fenômenos artísticos com as nossas atividades neurais e cerebrais. Como foi sugerido antes, talentos artísticos profundos parecem ser capazes de entender intuitivamente aspectos fundamentais do funcionamento de nosso cérebro e sistemas neurais.

"A arte deve transmitir imediatamente – e de uma vez só – o choque da vida, o senso de respiração", exclamou Constantin Brancusi.[13] É exatamente essa vivacidade e vitalidade que encontramos nas pinturas rupestres (ilustração acima, à esquerda) e nas esculturas de seres vivos do próprio Brancusi (ilustração acima, à direita). Apesar de sua extrema redução e condensação formal, suas figuras de pássaros, peixes e seres humanos, transpiram vida e sugerem movimentos imaginários. Sua abstração não é uma estilização ou redução sem vida, mas uma condensação da própria força vital do tema.

Todo ingrediente de uma imagem artística está dotado de vida. Charles Tomlinson descreve as qualidades orgânicas e vivas das sombras em uma representação pictórica de crânios:

> A sombra os explora. Ela vaza os orifícios oculares com a cor preta. Chega, como dedos, a lugares que não se pode ver. Os crânios são um exemplo apropriado dessa dualidade do visível: limitam o que o olhar não consegue perceber, se transcendem com a sugestão de tudo que está além daquilo que os olhos possuem: não podem ser possuídos.[14]

A FORÇA VITAL DA IMAGEM ARTÍSTICA

Imagens artísticas profundas possuem sua própria força vital. Por meio do processo de projeção imaginativa, nós criamos um mundo, um universo, ao redor delas, e, ao mesmo tempo, as aceitamos como objetos de nosso próprio mundo. Nossa própria experiência e compreensão da "realidade" continuam projetando novos aspectos e qualidades nessas imagens mágicas. As imagens artísticas são atemporais, pois nós mesmos seguimos dando-lhes vida e movimento.

Pintura de cavalo chinês paleolítica em caverna em Lascaux, cerca de 15000–13000 a.C.

A realidade experimental e emotiva de cada obra de arte é recriada sempre que encontramos a obra. Todas as obras de arte são atemporais, pois seu encontro experimental sempre acontece no presente. A obra mais antiga se aproxima de nós com o mesmo rigor que a mais recente.

Constantin Brancusi, *Pássaro no Espaço*, 1940. Bronze. Museu Nacional de Arte Moderna, Centro Pompidou, Paris, França.

As imagens de pássaros, peixes e focas de Brancusi projetam uma surpreendente sensação de vida, "o sopro da vida", nas palavras do próprio escultor.

Gaston Bachelard sugere que a imaginação poética, ou "química poética", como ele a descreve, está intimamente relacionada ao pensamento pré-científico e a uma compreensão animista do mundo. Em *The Philosophy of No: A Philosophy of the New Scientific Mind* (1940), descreve o desenvolvimento histórico do pensamento científico como um conjunto de transições progressivamente mais racionalizadas, desde o animismo ao realismo, positivismo, racionalismo e racionalismo complexo até o racionalismo dialético.[15] "A evolução filosófica de uma parte especial do conhecimento científico é um movimento por todas essas doutrinas na ordem indicada", afirma Bachelard.[16] Ele sustenta que o pensamento artístico percorre a direção oposta, retornando a uma compreensão de mundo mítica e animista.

De fato, a expressão sempre é, essencialmente, uma expressão animista. A imagem artística sempre contém mais do que aquilo que o olho – ou ouvido, nariz, pele, língua ou compreensão – pode identificar e revelar, já que é experimentada como parte do domínio ilimitado do real. A própria realidade enriquece e completa a imagem poética. Mais precisamente, a imagem artística projeta seu próprio mundo vivo imaginário, que é fundido com nossa própria sensação de existência e vida.

Imagens da matéria

A matéria é o inconsciente da forma [...]. Somente a matéria pode se encher de múltiplas impressões e sentimentos.[17]

Gaston Bachelard, *Water and Dreams*, 1999

A matéria é um elo. Tem o efeito de criar uma unidade. Todas as formas de arte se baseiam na matéria; precisam confrontar a realidade [...]. A palavra, escrita ou falada, tem o impacto mais imediato nos seres humanos; por outro lado, a matéria fala mais lentamente.[18]

Alvar Aalto, *Alvar Aalto, Synopsis*, 1970

Gaston Bachelard, o filósofo da imaginação e da imagem poética, escreveu um estudo fenomenológico sobre cada um dos quatro elementos pré-socráticos – terra, água, ar e fogo. Na verdade, escreveu dois livros sobre o fogo. Chamou esses elementos de "hormônios da imaginação".[19] Na introdução "Imagination and Matter", de *Water and Dreams* (1942), ele desenvolve a ideia de duas imaginações:

Se falarmos em termos filosóficos [...], podemos distinguir dois tipos de imaginação: uma que dá vida à causa formal e uma que dá vida à causa material – ou, em termos mais sucintos, uma *imaginação formal* e uma *imaginação material* [...]. Para mim, esses conceitos parecem ser indispensáveis a um estudo filosófico completo da criação poética [...]. Além das imagens da forma, que são evocadas com tanta frequência pelos psicólogos da imaginação, existem [...] imagens da matéria, imagens que derivam *diretamente da matéria*. Os olhos lhes atribuem nomes, mas somente as mãos realmente as conhecem.[20] [Itálicos de Bachelard.]

Em outro contexto, o filósofo sugere que as imagens da matéria transmitem emoções mais profundas que as imagens da forma: "Não se pode sonhar profundamente com *objetos*. Para sonhar profundamente, é necessário sonhar com *substâncias*. Um poeta que começa com um espelho deve acabar com a *água de uma fonte*, caso queira apresentar uma *experiência poética completa*".[21] [Itálicos de Bachelard.]

Na busca pelo artefato perfeitamente articulado e autônomo, a principal linha da arquitetura modernista tem preferido materiais e superfícies que visam ao plano, à pureza geométrica, à abstração imaterial e à brancura atemporal (ilustração, acima à esquerda). Nas palavras de Le Corbusier, a brancura atende ao "olho da verdade"[22] e, portanto, faz a mediação entre valores morais e objetivos. A implicação moral da brancura é surpreendentemente expressa com fanatismo nesta declaração: "A brancura é extremamente moral. Suponha que houvesse um decreto exigindo que todos os cômodos de Paris rece-

IMAGENS DA PERFEIÇÃO E DA DESTRUIÇÃO

A arte e a arquitetura modernas têm normalmente aspirado ao ideal albertiano de totalidade e perfeição da forma, "à qual nada pode ser acrescentado ou da qual nada pode ser subtraído". No entanto, a incompletude, a erosão e a destruição costumam gerar imaginários excepcionalmente sedutores e ricos, que são imagens da própria matéria. Na opinião de John Ruskin, "A imperfeição é, de certo modo, essencial a tudo que conhecemos da vida. É o sinal da vida em um corpo mortal, ou seja, de um estado de processo e mudança". (*The Lamp of Beauty: Writings on Art*, John Ruskin, p. 238.)
Le Corbusier, Villa Savoye, Poissy, França, 1928–9.
O edifício nos impressiona por sua sensação de incondicionalidade e perfeição.
Andrei Tarkovsky, *Nostalgia*, 1983. Uma cena na casa de Domenico, com telhados com goteiras, água e materiais erodidos.
Os espaços cinemáticos erodidos de Tarkovsky expõem nossos sentidos e emoções por meio de sua vulnerabilidade e imperfeição.

bessem uma demão de cal. Afirmo que isso seria uma tarefa policial de grande importância e uma manifestação de alta moralidade, um símbolo de um grande povo".[23]

Na pintura, escultura e arquitetura modernistas, a superfície normalmente é tratada como um limite abstraído do volume, tendo uma essência conceitual e formal, em vez de sensorial. As superfícies e a massa do material tendem a permanecer caladas, uma vez que a forma e o volume recebem prioridade; a forma é vocal, enquanto a matéria permanece silenciosa ou ausente. A preferência pela geometria e pela estética redutiva enfraquece ainda mais a presença da matéria – assim como, na arte da pintura, uma forte leitura da figura e do contorno diminui a interação da cor entre a figura e o fundo. Na pintura, todos os verdadeiros coloristas, como os impressionistas ou Josef Albers e Mark Rothko, utilizam uma gestalt fraca para maximizar a interação da cor além dos limites.

Os materiais e as superfícies certamente têm uma linguagem própria. A pedra fala de suas distantes origens geológicas, sua durabilidade e permanência inerente. O tijolo nos faz pensar em terra e fogo, na gravidade e nas tradições atemporais da construção. O bronze evoca o calor extremo de sua fabricação, os antigos processos de fundição e a passagem do tempo registrada pela pátina. A madeira fala de suas duas existências e escalas temporais: sua primeira vida, como uma árvore em crescimento, e a segunda, como um artefato humano feito pela mão cuidadosa de um carpinteiro ou marceneiro. Todos esses materiais e superfícies falam, de maneira agradável, sobre a metamorfose material e o tempo em camadas. "Não se pode sonhar profundamente com objetos. Para sonhar profundamente, é necessário sonhar com substâncias", declara Bachelard.[24]

Vivemos em um mundo de espírito, ideias e intenções humanos, mas também existimos no mundo da matéria, com as quantidades e qualidades do mundo físico. Temos dois domicílios que constituem uma singularidade existencial: um na historicidade e *continuum* de consciência e emoção humanas, outro no mundo da matéria e fenômenos físicos. A tarefa profunda das artes e da arquitetura é articular e expressar "como o mundo nos toca", conforme Merleau-Ponty caracterizou as telas de Paul Cézanne,[25] e como tocamos nosso mundo.

A materialidade e a erosão foram temas favoritos da arte contemporânea, de Arte Povera e Gordon Matta-Clark a Anselm Kiefer, dos filmes de Andrei Tarkovsky e das artes materiais da atualidade. A materialidade, o tempo e a destruição se fundem com frequência: "Destruir e construir têm a mesma importância e precisamos ter uma alma para um e para o outro [...]", como afirma Paul Valéry.[26] (ilustração, página 47, Andrei Tarkovsky, *Nostalgia*). As instalações de Jannis Kounellis expressam sonhos e memórias de aço enferrujado, carvão mineral e aniagem, enquanto os volumes magistrais de ferro forjado e laminado de Richard Serra e Eduardo Chillida despertam experiências corporais que sobrepujam o peso e a gravidade. Essas obras tocam diretamente nosso sistema esquelético e muscular: são comunicações dos músculos do escultor aos do observador. As obras de cera de abelha, pólen e leite de Wolfgang Laib invocam imagens de espiritualidade, preocupações rituais e ecológicas, ao passo que Andy Goldsworthy e Nils-Udo fundem a natureza e a arte utilizando materiais e elementos da natureza em suas obras.

Na opinião de Bachelard, os elementos que possuem o maior potencial para estimular a imaginação são o fogo e a água, o único antagonismo verdadeiro (ilustrações, acima). Na realidade, Bachelard passou da filosofia da ciência para a filosofia da imagem poética com seus livros *The Psychoanalysis of Fire* (1938) e *Water and Dreams* (1942).[27]

> IMAGINAÇÃO MATERIAL: IMAGENS DE ÁGUA E FOGO
>
> Nós não sonhamos e imaginamos apenas por meio de formas, uma vez que nossa imaginação também está envolvida com substâncias. Consequentemente, Bachelard faz uma distinção entre dois tipos de imaginação: a imaginação formal e a imaginação material. Ele sugere uma lei dos quatro elementos que classifica vários tipos de imaginação material de acordo com suas conexões com os elementos da antiguidade – terra, água, ar e fogo. Em sua opinião, o único antagonismo verdadeiro é entre a água e o fogo.
>
> Fonte no Jardim de Fin Bagh–e, Kāshān, Irã, século XVI.
> Sigurdur Gudmundsson, *Composição*, 1978.

> Dentre todos os objetos no mundo que invocam o devaneio, uma chama provoca imagens mais rapidamente que os demais. Ela nos compele a imaginar; quando sonhamos em frente a uma chama, o que se percebe não é nada em comparação com o que é imaginado. A chama carrega suas metáforas e imagens nas esferas mais diversificadas da meditação. Tome-a como sujeito de um dos verbos que expressa a vida e verá que ela dá vida ao verbo [...] de todas as imagens, imagens da chama – da mais natural à mais refinada, da mais sábia à mais boba – trazem a marca do poético. Quem sonha com uma chama é um poeta em potencial.[28]

As imagens da água são igualmente variadas e poeticamente evocativas. A água é, ao mesmo tempo, a imagem da vida e da morte; também é um elemento feminino, maternal – que pode, porém, em suas formas mais potentes, adquirir características masculinas. Mais importante que isso: junto com o imaginário do fogo, a água é a imagem mais potente da imaginação. Bachelard fala de "uma poética da água" e sobre os "poetas da água".[29] "Talvez mais do que qualquer outro elemento", escreveu ele, "a água é uma realidade poética completa".[30] Joseph Brodsky também escreveu repetidas vezes sobre o poder associativo específico da água: "Simplesmente acho que a água é a imagem do tempo" e "a água equivale ao tempo e gera beleza com seu duplo".[31]

A presença da água poetiza a arquitetura, como nas obras de Carlo Scarpa e Luis Barragán. O encontro da água com a pedra é totalmente metafísico. Nas palavras de Adrian Stokes, "A hesitação da água revela uma imobilidade arquitetônica".[32] Até mesmo cidades inteiras, como Veneza, são poetizadas pela água.

A imagem multissensorial

Vamos manter a ideia – e construir a partir dela – de que cada imagem tem, na verdade, uma vida própria.[33]

Jacques Aumont, *The Image*, 1997

Toda estrutura artística é essencialmente "polifônica"; não evolui em uma única linha de pensamento, mas em várias faixas sobrepostas de uma vez só. Consequentemente, a criatividade exige um tipo de atenção difuso, que contradiga nossos hábitos lógicos normais de pensamento.[34]

Anton Ehrenzweig, *The Hidden Order of Art*, 1973

Normalmente, a imagem é considerada uma figura fixa e puramente visual, embora uma qualidade característica dos sentidos seja sua tendência de fundir e integrar; uma imagem visual está sempre acompanhada de repercussões que conotam experiências em outras modalidades de sentido. Além disso, existem imagens nos domínios de todos os sentidos. A própria imagem visual é uma fusão construída de objetos da percepção fragmentados e descontinuados.

A imprecisão dinâmica e a ausência de foco são condições de nossa condição normal de percepção visual, ainda que geralmente não reconheçamos isso. A maioria das pessoas com uma visão normal tende a acreditar que vê o mundo ao seu redor em foco o tempo todo. A verdade é que vemos uma mancha e, a qualquer momento, somente uma fração minúscula de nosso campo visual – cerca de um milésimo do campo de visão inteiro – é enxergada claramente. O campo que está fora desse centro de visão focado e minúsculo fica cada vez mais vago e etéreo à medida que se aproxima da periferia do campo visual. Entretanto, não estamos cientes dessa falta fundamental de acuidade, porque, constantemente, varremos o campo de visão com movimentos oculares (que, em sua maioria, permanecem inconscientes e despercebidos) para trazer parte da área fora de foco ao estreito raio de visão que é colocado em um ponto focal na fóvea. Experimentos revelaram um fato surpreendente: os movimentos oculares inconscientes não são meros auxílios para clarear a visão, mas sim um pré-requisito absoluto da visão. Quando o olhar de uma pessoa é experimentalmente forçado a permanecer completamente fixo em um objeto parado, a imagem do objeto se desintegra e passa a desaparecer e reaparecer outra vez em formatos distorcidos e fragmentos. "Não existe uma visão estática; é impossível ver sem explorar", afirma o escritor e estudioso húngaro Arthur Koestler.[35] Koestler sugere uma analogia cautelosa entre a varredura visual e a varredura mental, "entre a visão periférica e fora de foco, fora do raio focal, e as noções nebulosas e mal formadas que acompanham o pensamento nos limites da consciência".[36] Ele diferencia a consciência focal da consciência periférica: "Se tentarmos segurar rapidamente uma imagem ou conceito mental – mantê-lo imóvel e isolado, no foco da consciência, ele se desintegrará, como a imagem visual e estática na fóvea... pensar nunca é um processo linear, puro e preciso".[37]

Todavia, a percepção de uma imagem não é uma entidade aditiva com qualidades auxiliares; é uma experiência integrada em que a entidade confere significado às partes e não o contrário. Esse domínio do todo em relação aos detalhes pode ser compreendido, mais uma vez, pela perspectiva evolutiva. Perceber um detalhe, como um olho ou uma cauda, não era significativo; o importante era perceber a criatura à qual o detalhe pertence. Maurice Merleau-Ponty defende fervorosamente a integração essencial dos sentidos e o caráter holístico e instantâneo da percepção: "Minha percepção [...] não é uma soma de dons visuais, táteis e auditivos: percebo, de maneira total, com todo o meu ser: pego uma estrutura única da coisa, uma maneira de ser única, que se comunica com todos os meus sentidos de uma vez".[38] Bachelard chama essa interação sensorial de "polifonia dos sentidos".[39]

A capacidade sintetizadora de nosso sistema perceptual é verdadeiramente surpreendente. "Os sentidos se traduzem uns aos outros sem a necessidade de um intérprete e são naturalmente compreensíveis, sem a

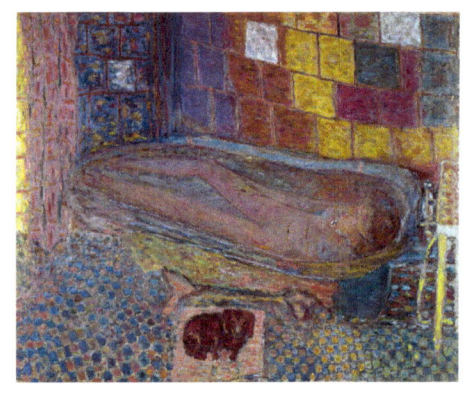

A EXPERIÊNCIA MULTISSENSORIAL E A SENSUALIDADE DA VIDA

Grandes obras de arte e de arquitetura evocam experiências multissensoriais que nos colocam em um contato intensamente sensual com o mundo imaginário que projetam. Bernard Berenson sugere que obras de arte evocam "sensações imaginadas" e que as mais importantes dessas são as experiências táteis. A imagem pictórica de Bonnard e o espaço arquitetônico de Aalto nos abraçam e fortalecem nossa conexão com seus mundos imaginativos; as imagens são tão táteis como visuais.

Pierre Bonnard, *Nu na Banheira*, 1937. Óleo sobre tela. Museu do Petit Palais, Paris, França.

As pinturas de Bonnard projetam experiências espaciais extraordinariamente sensuais e táteis; são pinturas para sentir com a pele.

Alvar Aalto, Villa Mairea, Noormarkku, Finlândia, 1938–9. Vestíbulo e sala de estar.

O espaço do piso da sala de estar é uma continuação arquitetônica do espaço livremente polirrítmico e multissensorial da floresta que existe do lado de fora.

intervenção de qualquer ideia", afirma Merleau-Ponty.[40] A multiplicidade de objetos da percepção simultâneos é experimentada como uma entidade integrada do objeto ou contexto. Até mesmo cada contexto da arquitetura tem suas características auditivas, táteis, olfativas e inclusive gustativas ocultas; essas propriedades dão ao objeto de percepção seu senso de totalidade e vida. Independentemente do caráter imediato da percepção visual, já tocamos – paradoxalmente e de forma inconsciente – uma superfície antes de ficarmos cientes de suas características visuais; compreendemos sua textura, rigidez, temperatura, umidade, instantaneamente. Assim como uma pintura de Claude Monet, Pierre Bonnard ou Henri Matisse evoca uma sensação absoluta de realidade vivida, edifícios profundos não são meras imagens visuais de estruturas arquitetônicas e estetizadas; são imagens da vida e convites a formas particulares de atividades (ilustrações, acima). As verdadeiras imagens artísticas sempre possuem dimensões épicas.

Em seu livro *Art as Experience*,[41] publicado originalmente em 1934, John Dewey ressalta a importância do profundo jogo e intercâmbio sensorial que aceitamos sem questionar:

> As características dos sentidos – do toque e do paladar, bem como da visão e da audição – possuem qualidades estéticas. Porém os sentidos não as têm em isolamento, mas em suas conexões: como entidades que interagem, não simples e separadas. Tampouco as conexões estão limitadas ao seu próprio tipo, cores a cores, sons com sons.

O filósofo enfatiza a totalidade da experiência sensorial:

> O olho, o ouvido e todo o resto é somente o canal *por meio* do qual a resposta total acontece [...]. Quando vemos uma figura, não é verdade que as características visuais são como são, ou conscientemente, centrais, e outras características são organizadas ao redor delas de maneira acessória ou associada. Nada poderia estar mais longe da verdade.

A imagem visual faz uma mediação com outras experiências sensoriais que poderiam até mesmo dominar a natureza da imagem:

> Quando percebemos, por meio dos olhos como apoios causais, a liquidez da água, a frieza do gelo, a solidez das pedras, a nudez das árvores no inverno, é certo que outras características além das dos olhos são evidentes e controlam a percepção. E é absolutamente certo que as características óticas não se destacam por conta própria, com características táteis e emotivas penduradas às suas saias.

De modo significativo, Dewey destaca a tendência inata das experiências sensoriais para se fundir: "Por causa de suas conexões orgânicas, qualquer característica sensual tende a se espalhar e fundir".[42]

O filósofo do pragmatismo não está se referindo, aqui, à capacidade perceptual humana um tanto excepcional de sinestesia, que permite que uma pessoa ouça cores como se fossem sons ou veja a música como se fossem cores, por exemplo. Ele fala da característica normal e fundamental de nossos objetos da percepção sensoriais, que penetram um no outro e, assim, promovem uma experiência existencial completa que une o mundo e o observador em uma unidade inseparável. Nós não nos limitamos a ver, ouvir, tocar, cheirar e degustar o mundo como observadores externos; nós existimos e vivemos em seu próprio intestino. Um edifício não é apenas uma estrutura física, mas também um espaço mental que estrutura e articula nossas experiências. Uma arquitetura significativa nos abriga como seres completamente sensíveis e conscientes, não como criaturas de mera visão. Nossa casa se torna uma extensão de nosso corpo, pele, sentidos e memória. É esse sentido de volume e totalidade que diferencia um espaço de apoio à vida ou que "intensifica a vida" – para tomarmos emprestada uma noção de Goethe[43] – de um espaço deprimente, repulsivo ou necrofílico. Porém, uma casa agradável apresenta seu ideal de ordem e interação com cortesia e sem fazer exigências. Em vez de serem estranhas ou grosseiras, as obras de arte e arquitetura verdadeiras nos convidam, de forma silenciosa e cortês, e oferecem experiências abertas.

Confirmando as suposições de Dewey em relação à interação das esferas sensoriais, pesquisas atuais sobre neurociências proporcionam, em número cada vez maior, informações sobre as extraordinárias interconexões e interações das várias áreas sensoriais do cérebro e de todo o sistema neural. A flexibilidade inesperada de nosso sistema sensorial ficou evidente especialmente em estudos das capacidades sensoriais dos cegos: "Parece que o mundo dos cegos, dos privados de visão, pode ser especialmente rico em (...) estados intermediários – o intersensorial, o múltiplo – para os quais não temos uma linguagem comum", afirma Oliver Sacks.[44] "E tudo isso [...] se mescla em um único sentido fundamental, uma atenção profunda, lenta e quase preênsil, um estar íntimo e sensual com o mundo do qual a visão, com seu aspecto rápido, oscilante e superficial, nos distrai continuamente".[45] O argumento de um famoso médico – de que a visão impede nossa união íntima com o mundo, em vez de permitir uma fusão – é mais notável e instigante para os arquitetos. O enorme esforço atual de buscar imagens arquitetônicas visualmente impressionantes sem se preocupar com as outras esferas sensoriais pode ser o motivo pelo qual tais edifícios costumam parecer mudos, repulsivos e sem vida, apesar de seus jogos ilimitados de fantasia visual. São objetos para olharmos e admirarmos, não para vivermos ou nos identificarmos.

Em seu livro *World in Fragments*, Cornelius Castoriadis enfatiza a necessidade essencial de coerência na complexidade da imagem: "Uma imagem precisa manter unidos, reunir elementos 'determinados', elementos apresentáveis, e esses elementos são sempre encontrados presos em certa organização e em certa ordem – do contrário, não haveria imagem, haveria simplesmente o caos".[46] A imagem poética é mantida por sua coerência e significado parecidos com o de uma criatura, o que nos faz lembrá-la; ou, talvez, lembremos e regeneremos principalmente seu impacto emocional, em vez de suas propriedades formais. Na arquitetura, essa característica da coesão é experimentada como a singularidade do edifício ou espaço parecida com a de uma criatura; cada obra de arquitetura profunda é uma representante única de uma espécie, com uma anatomia específica e singular. Paradoxalmente, essa singularidade sugere uma universalidade em potencial, como no caso de uma espécie biológica.

O verdadeiro milagre de nossa percepção de mundo está em sua própria totalidade, continuidade e constância, apesar da natureza fragmentada e descontínua de nossas percepções, mediada pelos canais sensoriais diferentes, quase incomensuráveis. Em geral, não pensamos na colaboração do tato e da visão, por exemplo, embora o ato de ver seja uma maneira de tocar à distância, sem contato físico direto. Além disso, os olhos são especializações de um tecido cutâneo original. A entidade da experiência é percebida como um todo coerente e significativo, constituído por imagens perceptíveis e memoráveis. Normalmente, conseguimos viver em um mundo unificado e contínuo, ao passo que, em certas carências sensoriais e mentais, como a esquizofrenia, essa integração saudável se perde.

A imagem como condensação

Não duvido que a majestade e a beleza do mundo estejam latentes em qualquer quantidade ínfima de mundo...

Não duvido que exista muito mais em trivialidades, insetos, pessoas comuns, escravos, anões, ervas, lixo, do que eu tenha suposto...

Não duvido que os interiores tenham seus interiores... Que a visão tenha outra visão, que a audição, outra audição, que a voz, outra voz.[47]

Walt Whitman, "Faith Poem", *de Leaves of Grass*, 1856

A noção de "abstração" costuma ser utilizada para explicar o poder da imagem artística e, em especial, a natureza do imaginário "não figurativo", "não representativo" ou geométrico na arte. Em minha opinião, as noções de abstração e de "não representativo" são infelizes e traiçoeiras, pois sugerem que tais imagens não têm conteúdo, contexto, referência e significado, e que estão desvinculadas do mundo vivo. Aquilo que normalmente rotula-se de "abstração" na representação artística é, na realidade, uma condensação extrema do imaginário, experiência, importância e significado. Em vez de abstrair, no sentido de retirar ou reduzir, a imagem artística requer a compressão de uma diversidade de objetos da percepção, memórias, associações e significados existenciais em uma singularidade experimental.

Por outro lado, a imagem "não representativa" profunda certamente representa, isto é, ela invoca e corresponde a aspectos do mundo vivo, mas não por meio de uma convenção ou código explícito, como uma representação de perspectiva ou figurativa. Anton Ehrenzweig, um dos mais perceptivos intérpretes psicanalíticos dos conteúdos e processos inconscientes na arte, indica a dimensão essencial da profundidade na criação artística:

> Em nossa arte abstrata, existe um curto-circuito dramático entre a alta sofisticação e o amor pela geometria, por um lado, e uma falta de diferenciação quase oceânica obtida em sua matriz na mente inconsciente. O vazio "pleno" da grande arte abstrata pode depender de seu vínculo com um grupo de imagens incompatíveis (estruturas em série) que o pressionam no nível da visão inconsciente.

56   A Imagem Corporificada

Na opinião de Ehrenzweig, uma abstração artística se torna vazia quando perde sua associação com o inconsciente:

> Essas imagens conflitantes se anularam no caminho até a consciência e, portanto, produziram a impressão superficial errônea de vazio e abstração. A abstração fica verdadeiramente vazia quando está desassociada de sua matriz inconsciente.[48]

Em vez de se afastar da vida, as abstrações artísticas penetram na própria essência e centro dos fenômenos e experiências. Em vez de serem desprovidas de significado, sua importância é intensificada e generalizada por meio do processo criativo de condensação experimental. Essa metamorfose ocorre em um jogo intenso entre as faculdades mentais inconscientes e conscientes, assim como entre a generalidade e a especificidade. É um processo de compressão e destilação, não de distanciamento ou diluição. Ehrenzweig tem um argumento significativo: "A abstração científica difere de uma generalização vazia assim como a arte abstrata potente difere de um ornamento vazio".[49] (ilustrações, abaixo). Se as reverberações mentais inconscientes, tendências ocultas e conexões com um senso de vida estiverem ausentes, a obra será um mero jogo com elementos intelectualizados de projeto visual, uma simples decoração visual; a imagem nasce sem significado e senso de

IMAGENS DE SIGNIFICADO CONDENSADO
"A abstração científica difere de uma generalização vazia assim como a arte abstrata potente difere de um ornamento vazio", argumenta Anton Ehrenzweig. A ciência e a arte buscam expressões que condensam uma diversidade de significados em uma imagem ou fórmula singular. Até mesmo na ciência, critérios estéticos têm uma função significativa.
Albert Einstein no quadro-negro.
"Ao longo de uma vida, Einstein conectou a luz com o tempo, o tempo com o espaço, a energia com a matéria, a matéria com o espaço e o espaço com a gravitação". (J. Bronowski, *The Ascent of Man*, 1973.)
Kazimir Malevich, *Quadrado Preto*, óleo sobre tela, 1913. Museu Estatal Russo, São Petersburgo, Rússia.
A pintura de Malevich é uma abstração icônica e uma condensação de significado.

vida. O significado na arte envolve uma conexão com o mundo vivo e um senso de totalidade e integridade – não uma proposição teórica, um argumento verbal, uma explicação ou narrativa inventada. Não projetamos, inicialmente, a história na imagem; é a imagem que revela sua narrativa para nós. A imagem não precisa ser explicada: ela revela seus segredos para nós ou não.

Brancusi ressalta que uma verdadeira abstração artística é resultado de um processo longo e trabalhoso, não uma atitude *a priori* ou uma imagem preconcebida: "A simplicidade não é um fim da arte, mas chegamos a ela apesar de nós mesmos, ao nos aproximarmos da verdadeira essência das coisas; a simplicidade é, no fundo, complexidade, e precisamos ser alimentados em sua essência para entendermos sua importância".[50]

Em função de sua essência inerentemente construída, racionalizada e geométrica, a arquitetura muitas vezes permanece como uma montagem técnica coordenada e estética, incapaz de evocar imagens e associações de vida poetizada. A arquitetura *high-tech*, por exemplo, tende a se degenerar em racionalidade tecnológica pura; já o minimalismo arquitetônico estilisticamente deliberado se transforma facilmente em uma redução da retina e em uma sugestão superficial de imagem forçada, porém fabricada e arbitrária. Todas as imagens arquitetônicas significativas se referem ao *continuum* da cultura e da vida humanas, não apenas à tecnologia, à razão ou a preferências estéticas distintas.

Parece paradoxal, de fato, que a arquitetura – a forma de arte que resulta diretamente de atividades da vida e serve deliberadamente a seus propósitos práticos – tenha se tornado a forma de arte que, com mais frequência, está desprovida de vida. O cineasta holandês Jan Vrijman indaga, apropriadamente: "Por que, ao contrário dos filmes e dos cineastas, a arquitetura e os arquitetos se interessam tão pouco pelas pessoas durante o processo de projeto? Por que são tão teóricos, tão distantes da vida em geral?".[51]

Uma imagem artística profunda projeta um sentimento de ter raízes, de totalidade, vida e magia. Fala com a autoridade da experiência de uma vida inteira. Causa um curto-circuito em nossas faculdades de compreensão racional e sentimento, bem como nas categorias de vida e conhecimento, realidade e sonho, beleza e significado. Esse curto-circuito lógico produz a "aura" da obra de arte que foi reconhecida por Walter Benjamin.[52] A imagem poética surge de um senso de vida e gera experiências vivas.

A imagem arquetípica na arquitetura

Toda grande visão de mundo precisa começar com o ovo cósmico.[53]
Gaston Bachelard, *The Flame of a Candle*, 1988

Eles [os arquétipos] são pedaços de vida em si – imagens que estão integralmente conectadas com o indivíduo vivo pela ponte das emoções.[54]
Carl G. Jung, *Man and His Symbols*, 1968

As imagens e correlações reunidas em sonhos, cujos correlativos podem ser encontrados em pensamentos, mitos e ritos primitivos, foram chamadas de "vestígios arcaicos da mente" por Sigmund Freud. Mais tarde, C.G. Jung deu a essas imagens arcaicas o nome de "arquétipo".[55] Tais associações históricas funcionam como um vínculo entre o mundo da consciência e o mundo inconsciente do instinto. Jung define os arquétipos como padrões e emoções que tendem a gerar certos tipos de associações e significados. Em essência, os arquétipos não têm conotações simbólicas fixas e fechadas, porque funcionam como geradores de associações e emoções, além de incentivarem uma reinterpretação constante. Pertencem à própria vida e estão intrinsecamente vinculados ao indivíduo por meio de suas emoções, como observou Jung.

Os arquétipos também são ingredientes essenciais da linguagem da arquitetura, que costuma ser formalmente simples. Sinclair Gauldie considera expressamente a existência de uma linguagem arquitetônica arquetípica que também confere à arquitetura sua permanência artística: "O edifício que – muito tempo depois de as expressões da moda de seu tempo se tornarem clichês – continua a contribuir com alguma qualidade memorável para a vida humana é o edifício que tira sua força comunicativa das associações emocionais imutáveis na linguagem da arquitetura, aquelas que estão mais profundamente arraigadas na experiência sensorial comum da humanidade".[56] Nas palavras de Bachelard, "a casa é um dos mais fortes poderes de integração para os pensamentos, memórias e sonhos da humanidade".[57]

A "declaração" de Adrian Stokes – "As formas de arquitetura são uma linguagem limitada à união de alguns ideogramas de imensa ramificação" – também aponta para a essência arquetípica da linguagem da arquitetura.[58] Independentemente da ideia do arquétipo, é evidente que a arquitetura articula experiências humanas primárias de estar no mundo, como gravidade e massa, horizontalidade e verticalidade, terra e céu, centro e periferia, natureza e cultura, paisagem e artifício, individualidade e coletividade, passado e presente. O encontro mais fundamental mediado pela arquitetura é o confronto do ser com o mundo. Todas as outras formas de arte ativam momentaneamente essas dialéticas existenciais fundamentais, mas a arquitetura as estrutura como nossa condição de vida permanente.

Nas artes visuais em geral e, especialmente, na arquitetura, as formas básicas dominam – o círculo, o quadrado, o triângulo, assim como as orientações e números básicos –, seja explicitamente ou como imagens ocultas de ordem e organização sob a superfície da observação consciente (ilustrações, acima e à esquerda). Os formatos geométricos básicos têm um conjunto de significados simbólicos pela história em várias culturas, mas suas características e impacto puramente perceptuais parecem ser mais importantes, especialmente para seu uso na atualidade. O círculo, por exemplo, concentra a percepção e a energia de maneira centrípeta, mas também se expande e emana energia centrifugamente. Ao mesmo tempo, o círculo é um símbolo da identidade pessoal, expressando todas as dimensões da psique, incluindo a relação entre o homem e a natureza. No culto ao sol primitivo e na religião moderna, nos mitos e sonhos, nas mandalas dos monges tibetanos, em plantas de cidades e nos sistemas circulares dos primeiros astrônomos, ele sempre indica a unidade da vida.[59] O quadrado, por sua vez, é uma expressão do materialismo estático pragmático, do corpo e da realidade. A tentativa alquimista de fundir as imagens do quadrado

AS IMAGENS GEOMÉTRICAS BÁSICAS NA ARTE

As imagens artísticas normalmente são estruturadas pela gestalt geométrica básica. Os formatos geométricos básicos têm suas conotações simbólicas, mas seus poderes de organização conceituais e simbólicos são mais importantes que seus significados convencionais. A história da arquitetura – desde as pirâmides do Egito à arquitetura minimalista atual – revela a função constante e significativa das imagens geométricas.

As três imagens mostram a persistência do quadrado, do triângulo e do círculo na arte e na arquitetura, independentemente do contexto cultural e histórico.

O Universo, pintura do artista zen japonês Sengai, do século XVIII.

Le Corbusier, "Trois rappels à Messieurs les Architectes" ("Três lembretes aos senhores arquitetos"), *Vers une architecture*, 1923.

A capa da revista *Bauhaus*, 1928, ilustrada por Herbert Bayer. (Da reimpressão de Kraus, 1976.)

e do círculo era, simbolicamente, um desejo de unir a identidade pessoal e o mundo, a esfera do homem e o universo.

Dentre os números cardinais, o quatro é fundamental na exegese bíblica.[60] Ele também aparece nos seguintes contextos: os quatro rios do Paraíso, os quatro Pais da Igreja Latina, a exegética de quatro níveis, as quatro virtudes cardeais, as quatro direções cardeais, os quatro quadrantes do mundo. Na linguagem da arquitetura, o número quatro também ocupa uma posição central, como os quatro quadrantes do quadrado subdivididos em dois eixos. Os números e suas relações também têm um papel importante na longa história da harmônica de Pitágoras, de Vitrúvio Polião a Aulis Blomstedt.

Uma figura, imagem ou objeto também pode ter um significado especial como unidade básica de uma composição e construção artística ou arquitetônica, como o quadrado ou o cubo. O artista norte-americano Sol LeWitt dá uma explicação interessante para o uso do cubo como unidade básica em muitas de suas obras; ele utiliza o cubo em função de sua neutralidade e inexpressividade relativas.

> A característica mais interessante do cubo é ser relativamente desinteressante. Em comparação com qualquer outra forma tridimensional, o cubo carece de força expressiva, não implica movimento e é o menos emotivo. Portanto, é a melhor forma a usar como unidade básica para qualquer função mais elaborada, o recurso gramatical do qual a obra pode se originar.

Em sua opinião, o cubo não tem conotações, além de ser uma figura geométrica:

> Por ser padronizado e reconhecido universalmente, nenhuma intenção é exigida do observador. Entende-se imediatamente que o cubo representa o cubo, uma figura geométrica que é incontestavelmente independente. O uso do cubo torna desnecessária a necessidade de inventar uma outra forma e reserva sua utilização para a invenção.[61]

Em minha opinião, uma obra de arte ou de arquitetura não tira seu poder emocional de uma simbolização deliberada e explícita. O simbolismo apenas fixa a imagem em um contexto distinto, como conotações míticas, religiosas ou ideológicas, mas essa conexão não confere à obra um poder emotivo que vá além de reconhecer a convenção, ou uma referência a um sistema ou tradição de crença. Os filmes de Andrei Tarkovsky são normalmente interpretados como imagens cinemáticas cheias de símbolos. No entanto, o diretor rejeita explicitamente a ideia de um simbolismo deliberado:

> Sempre que declaro que não existem símbolos ou metáforas em meus filmes, as pessoas se mostram incrédulas. Insistem em me perguntar, repetidas vezes, por exemplo, o que a chuva significa em meus filmes; por que aparece em um filme depois do outro; e por que as imagens repetidas de vento, fogo, água? (...) Naturalmente, a chuva pode ser vista somente como uma condição climática ruim, embora eu a use para criar um contexto estético específico no qual é possível exagerar a ação do filme. Mas de modo algum isso é o mesmo que colocar a natureza em meus filmes como símbolo de outra coisa.[62]

A maioria dos arquitetos certamente concordaria com o diretor de cinema com relação ao papel secundário do simbolismo em sua obra, apesar do fato de que elementos simbólicos possam ser detectados nela. Todavia, uma conotação simbólica pode conectar simultaneamente a obra com uma fonte de poder associativo arquetípico e lhe conferir um senso de totalidade inexplicável. Mesmo assim, a força e o significado verdadeiro de uma obra de arte sempre advêm de seu solo, de seus motivos ricos e inconscientes, não de símbolos ou convenções superficiais.

A arquitetura como uma mandala

A mandala é um objeto de meditação concentrada que representa o cosmos em relação às forças divinas; é uma configuração especial das formas básicas do círculo, quadrado e triângulo (que aparece especialmente nas iantras indianas). Normalmente, a mandala é associada às culturas orientais, embora mandalas abstratas também apareçam na arte cristã, como no caso das rosáceas das catedrais. Até mesmo os halos de Cristo e dos santos cristãos nas pinturas religiosas, assim como a imagem de Cristo cercado pelos quatro evangelistas, podem ser considerados mandalas.[63] Na história da arquitetura e do planejamento urbano, a mandala também tem grande importância: muitas vezes, edifícios e cidades podem ser vistos como mandalas geométricas e espaciais.

Um exemplo interessante do quadramento do círculo, da união simbólica do mundo construído pelo homem com o universo, é o relato de Plutarco dos ritos de fundação geometricamente contraditórios de Roma, a *Urbs Quadrata*.[64] Esses ritos foram baseados na aplicação ritual de círculos. Os ritos fundadores e os primeiros mapas de muitas cidades no mundo todo se baseiam na sobreposição de imagens idealizadas do círculo e do quadrado, independentemente dos fatos geográficos locais reais, como os mapas antigos de Jerusalém, que são idealizados e predominantemente fictícios. A mesma importância arquetípica das formas básicas era, em geral, inerente na orientação e na implantação de edifícios de culto. Esses ritos definiram

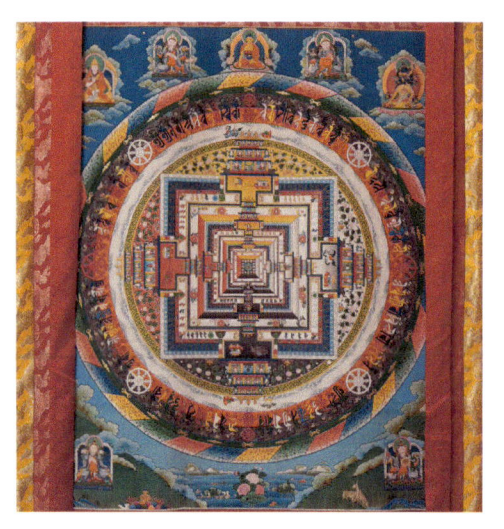

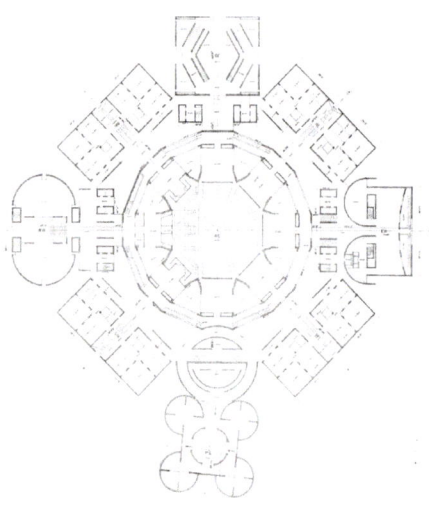

A IMAGEM DA MANDALA NA ARTE E NA ARQUITETURA

A mandala é, antes de tudo, uma figura da meditação oriental, embora composições de arquitetura possam ser frequentemente interpretadas como tal: imagens geométricas intensas que estruturam a experiência de espaço e lugar. Na realidade, as estruturas de arquitetura são, essencialmente, mandalas tridimensionais e espaciais. Muitas vezes, o aspecto da mandala é evidente, como nos edifícios de Frank Lloyd Wright e Mies van der Rohe. Embora a imagem da mandala básica seja uma gestalt centralizada e focada, muitas imagens arquitetônicas modernas, como a Casa de Campo de Mies van der Rohe (cerca de 1934), podem ser consideradas mandalas espaciais assimétricas e dinâmicas – recursos modernos para meditação espacial.

Mandala de Yamantaka, Tanka Tibetano.
A mandala é um diagrama sagrado que representa a estrutura do universo. A palavra sânscrita "mandala" significa círculo e centro.

Louis I. Kahn, Edifício do Parlamento Nacional, Daca, Bangladesh, 1962–74. Planta baixa.
O salão de orações (um cubo perfeito, com arestas de 20 m) desvia levemente das coordenadas do Edifício do Parlamento propriamente dito, pois está orientado de acordo com o cânone islâmico.

a integração ritual do cosmos com o homem e a demarcação do centro psíquico *axis mundi*, ou seja, a orientação básica do homem no espaço e no tempo.

Certas figuras ou formatos, como a *vesica piscis* – a figura ovoide que costumava ser usada como fundo para Cristo em pinturas e esculturas medievais –, também derivam do uso primitivo de geometrias circulares nos ritos de fundação de templos antigos.

A tribo Dogon, de Mali, condensou seu mito de criação e imagem do mundo, assim como suas regras de conduta e a vida diária que deriva delas, na imagem de um celeiro simbólico ou arca celestial.[65] Essa imagem forma uma mandala tridimensional que consiste em uma combinação de círculos e quadrados (veja a ilustração na página 122, Desenho da Arca Mítica dos Dogons), funcionando como uma chave para a interpretação do mundo e suas origens. As quatro escadas dessa representação cósmica, por exemplo, eram usadas como um sistema de classificação das espécies animais e plantas.

A essência da mandala em estruturas de arquitetura fica evidente nas geometrias dos templos indianos, bem como em inúmeros edifícios ocidentais do período clássico. Até mesmo diversos edifícios contemporâneos, como o Edifício do Parlamento de Louis I. Kahn em Daca, Bangladesh, evocam a imagem da mandala. O desejo de fundir o cósmico e o humano, o divino e o mortal, o espiritual e o material, em conjunto com a utilização de sistemas de proporção e medida que derivam simultaneamente da ordem cósmica e da figura humana, deram às geometrias arquitetônicas um significado e senso profundo de vida espiritual.

A abstração ostensiva da arquitetura moderna também obtém seu poder expressivo e seu efeito emocional a partir dos significados inconscientes das formas que utiliza. Contudo, na modernidade maneirista, as formas frequentemente perderam seus significados arquetípicos, cósmicos e simbólicos, e permanecem como elementos de mera estética visual, sem um eco em nossa memória inconsciente e coletiva. Na arquitetura contemporânea, as medidas e proporções normalmente têm apenas finalidades instrumentais e advêm do senso individual de harmonia do arquiteto, mas perderam por completo suas conexões metafísicas e cósmicas.

A realidade e a irrealidade da imagem artística

Todas as imagens artísticas acontecem simultaneamente em duas realidades e seu poder sugestivo deriva exatamente dessa tensão entre o real e o sugerido, o percebido e o imaginado. No ato de experimentar uma obra, a imagem artística passa da existência física e material para uma realidade mental e imaginária. A impossibilidade de compreender a essência de uma obra de arte normalmente resulta da incapacidade do observador de projetar e experimentar sua realidade imaginária. Entretanto, as duas existências não se cancelam ou excluem, pois mantêm um relacionamento dinâmico e dialético.

Em seu excelente livro *Dreaming by the Book*, Elaine Scarry afirma que a arte literária difere de todas as outras obras de arte por não possuir imaginários sensoriais diretos, somente letras impressas em uma página.[66] Consequentemente, o leitor é obrigado a criar o imaginário em sua imaginação, de acordo com as instruções do autor contidas no texto. Isso é verdade, sem dúvida, mas também em outras formas de arte, como pintura, arquitetura e dança, o imaginário sensorial factual produz um nível imaginativo que constitui a realidade afetiva e poética da obra.

Sartre apresenta um argumento intrigante sobre as duas existências da imagem artística e suas metamorfoses na forma de arte da atuação: "Não é o Príncipe da Dinamarca que se torna real no ator, mas o ator que se torna *irreal* como o

Príncipe".[67] Em seu ensaio sobre o pintor Balthus, o poeta Guy Davenport faz um comentário paralelo interessante sobre a realidade ou irrealidade relativa das figuras pintadas, como se até elas posassem em seus papéis como atores: "Ele [Balthus] tem a imediação de um pintor *naïve*. Todas as pessoas de Picasso são atores, mascarados, mediadores, como o próprio Picasso, entre a realidade e a ilusão. Pierrot, a mulher como modelo do artista, o Balé Russo, a *Commedia dell'Arte* dominam sua obra inteira".[68]

A arquitetura também ocupa dois domínios simultaneamente: a realidade de sua construção tectônica e material e a dimensão abstrata, idealizada e espiritual de seu imaginário artístico. Existe mais uma dualidade simultânea na arquitetura: sua essência como uma estrutura de utilidade e como proposta de um ideal estético. Todo edifício significativo resiste à gravidade, ao clima e ao desgaste, mas também apresenta uma ordem idealizada e uma metáfora existencial vivida. As grandes casas do Modernismo, como a Villa Savoye (1928–9) de Le Corbusier, expressam uma visão do mundo, um conceito de espaço, o diálogo entre a natureza e o artifício e um estilo de vida distinto – por meio de uma linguagem arquitetônica da abstração (ilustração, página 47, Le Corbusier, Villa Savoye, Poissy, França). Os edifícios estão no mundo dos fatos e casualidades físicos e, simultaneamente, no mundo das ideias, geometrias e expressões artísticas. Eles têm uma tarefa dupla: a função prática da vida e das atividades e a função poética de definir nossa base mental na realidade vivida. Retornarei à vida dupla da imagem no Capítulo 4, em "A existência dual da imagem poética".

A imagem inconsciente

As imagens artísticas parecem se dirigir diretamente ao nosso senso existencial e causam impacto em nosso ser corpóreo antes de serem registradas ou compreendidas pelo cérebro. Uma obra de arte pode ter um impacto mental e emocional vigoroso e ainda assim permanecer para sempre sem uma explicação intelectual. "A imagem tocou na profundidade antes de afetar a superfície", como observa Bachelard.[69] *Tempestade* (cerca de 1506), de Giorgione, apresenta sua cena inocentemente sedutora e poetiza a imaginação do observador, ainda que o significado da encenação alegórica permaneça um enigma para sempre.

Questionando-se como certos edifícios têm um impacto profundo e repentino em sua mente, o arquiteto da Biblioteca Britânica, Colin St. John Wilson, explica o poder mental do imaginário de arquitetura em nossas mentes:

> É como se eu fosse manipulado por algum código subliminar, que não pode ser traduzido em palavras, que age diretamente no sistema nervoso e na imaginação, ao mesmo tempo provocando intimações de significado com uma experiência espacial vívida, como se fossem uma coisa só. Acredito que o código age tão diretamente e vividamente em nós porque nos é estranhamente familiar; é, na verdade, a primeira imagem que aprendemos, muito antes das palavras, e que hoje nos é lembrada por meio da arte, que, sozinha, tem a chave para revivê-lo (...).[70]

A arquitetura articula as características e qualidades de nossas experiências existenciais e sentimentos fundamentais. Chega a afetar e tocar algumas de nossas experiências pré-natais mais básicas de proteção, segurança, intimidade e prazer. Faz a mediação entre o indivíduo e o mundo, o indivíduo e o outro, e reestrutura as primeiras memórias de nossa dialética básica de conexão e separação.

O impulso criativo frequentemente progride de forma semiautomática, como se as imagens e palavras aparecessem independentemente do desejo e da intenção do criador. Muitas vezes, o artista/criador sente que o mundo de imagens que está criando já existe e que o processo criativo é uma questão de revelar o que sempre existiu, em vez de conferir existência e forma a uma realidade criada por ele. Jackson Pollock confessou que pintava suas telas em uma espécie de transe:

> Quando estou pintando, não fico ciente do que estou fazendo. Somente depois de uma espécie de período de "familiarização" é que percebo o que andei fazendo. Não tenho medo de fazer mudanças, de destruir a imagem, etc., porque a tela tem uma vida própria. Tento deixá-la se expressar. Apenas quando perco contato com a tela, o resultado fica uma bagunça. De resto, há harmonia pura, um dar e receber fácil, e a tela tem um bom resultado.[71]

Teorias psicanalíticas da criatividade e do processo criativo explicam esses fenômenos intrigantes como um jogo entre nossas faculdades conscientes e inconscientes. Durante o árduo processo de criação, experiências, memórias e motivos inconscientes influenciam diretamente a obra que está surgindo e se tornam, secretamente, parte de seu conteúdo essencial. A obra de arte é uma luta – ou colaboração – entre o ego consciente e o conteúdo inconsciente reprimido da mente. Como consequência, uma obra de arte de sucesso sempre contém mais do que o artista/arquiteto colocou conscientemente nela, parecendo ter surgido de maneira semiautônoma.

Em seu estudo pioneiro sobre o impacto criativo e artístico, *The Hidden Order of Art* (1967), Anton Ehrenzweig faz uma distinção entre dois tipos de atenção: a atenção consciente, que segue as intenções conscientes, pensamentos e princípios perceptuais revelados pela psicologia da gestalt, de um lado, e, do outro, uma atenção inconsciente "multidimensional", "polifônica" e dispersa, que é capaz de perceber entidades complexas e conflitantes.[72] Ele também sugere a existência de processos inconscientes de escaneamento visual e auditivo[73] que se sucedem para capturar imagens complexas, de uma área, por meio da percepção desfocada dos olhos e ouvidos. Na opinião de Ehrenzweig, esses processos de visão e audição artísticas inconscientes predominam momentaneamente no processo criativo.

As tarefas de arquitetura quase sempre são extremamente complexas, consistindo em ingredientes logicamente irreconciliáveis e conflitantes – pontos de partida e intenções, questões práticas e ideias mentais; por isso, não podem ser resolvidas racionalmente. Só é possível confrontar uma tarefa de arquitetura por meio de um encontro corporificado e existencial, simultaneamente racional e poético, que desvia de barreiras e categorias lógicas. Alvar Aalto conclui: "Em todo caso, os opostos precisam ser reconciliados (...). Quase toda tarefa formal envolve dezenas, frequentemente centenas, às vezes milhares, de elementos conflitantes que podem ser forçados em harmonia funcional somente por um ato de vontade. A única maneira de alcançar essa harmonia é pela arte".[74]

A metáfora

A metáfora é, principalmente, uma forma de cognição, não um tropo ou uma figura de linguagem. Além disso, a metáfora como ferramenta cognitiva pode agir de modo inconsciente, fazendo com que o processo metafórico seja um aspecto da mente inconsciente.[75]

Arnold H. Modell, *Imagination and the Meaningful Brain*, 2006

As metáforas evocam umas às outras e são mais coordenadas do que as sensações; por isso, a mente poética é, pura e simplesmente, uma sintaxe de metáforas.[76]

Gaston Bachelard, *On Poetic Imagination and Reverie*, 1998

A metáfora depende do que foi experimentado antes e, portanto, transforma o estranho em familiar. Sem a metáfora, não podemos imaginar como é ser outra pessoa, não podemos imaginar a vida do Outro.[77]

Cynthia Ozick, citada em A. H. Modell, *Imagination and the Meaningful Brain*, 2006

Aristóteles enfatizou a centralidade da metáfora no pensamento. "A maior excelência [no uso das palavras] é ficar feliz com o uso da metáfora; pois somente isso não pode ser aprendido e, por consistir em um rápido discernimento das semelhanças, é uma marca evidente da genialidade", argumenta ele na *Poética*.[78]

Muitos dos estudiosos de hoje, em várias formas de arte, continuam enfatizando a importância da metáfora como ferramenta crucial do pensamento e da comunicação. "O desenvolvimento da consciência nos seres humanos está inseparavelmente conectado com o uso da metáfora. As metáforas não são apenas decorações periféricas ou mesmo modelos úteis; são formas fundamentais de nossa condição", afirma Iris Murdoch, romancista e filósofa.[79] Yehuda Amichai vai ainda mais longe com relação ao valor que atribui à metáfora como fator constituinte da humanidade: "A metáfora é a grande revolução humana, equiparável, no mínimo, à invenção da roda (...). A metáfora é uma arma na batalha manual com a realidade".[80]

A metáfora está tradicionalmente associada ao uso verbal e literário. No entanto, as metáforas surgem diretamente de nosso ser corpóreo no mundo físico e de nosso modo de percepção e cognição centrado no corpo, como George Lakoff e Mark Johnson revelam em *Metaphors We Live By*.[81] Arnold H. Modell destaca a natureza fundamental multissensorial e corporificada da metáfora: "A formação da metáfora é intrinsecamente multimodal, pois precisa envolver entradas visuais, auditivas e sinestésicas. Além disso, a formação da metáfora precisa acessar a memória inconsciente".[82] Introduzindo a noção de "imaginação corpórea", Modell enfatiza também sua essência corporificada: "Como um modo de cognição, a metáfora é duplamente corporificada; primeiro como um processo neural inconsciente e, consequentemente, pelo fato de ser gerada a partir de sentimentos corporais; assim, é possível falar em uma imaginação corpórea".[83]

Há uma tendência a conectar as duas noções de imagem e metáfora, mas Bachelard faz uma distinção fundamental entre elas.

> A psicologia acadêmica dificilmente lida com o tema da imagem poética, que costuma ser confundida com a metáfora simples. Em geral, na verdade, a palavra *imagem*, na obra dos psicólogos, está rodeada por confusão: vemos imagens, reproduzimos imagens, retemos imagens em nossa memória. [Na visão psicologizante], a imagem é tudo, menos um produto direto da imaginação (...). Proponho, ao contrário, que se considere a imaginação como um dos principais poderes da natureza humana.[84] [Itálicos de Bachelard.]

Imagens artísticas de vários aspectos do mundo são representações metafóricas que se tornam momentaneamente parte de nossa paisagem mental. Na realidade, no encontro com uma obra de arte, ocorrem uma projeção e uma conexão duplas: projetamos aspectos de nós mesmos na obra e a obra se torna parte de nós. A metáfora evoca, orienta, fortalece e mantém nossos pensamentos, emoções e associações.

As edificações são construções simultaneamente utilitárias para finalidades específicas, além de imagens espaciais e materiais de nosso "estar no mundo". São metáforas vivas que fazem uma mediação entre o mundo e a esfera humana da vida, imensidão e intimidade, passado e presente. A fim de conferir estrutura e significado à nossa experiência existencial, a arte da arquitetura projeta estruturas e imagens metais externalizadas que nós ocupamos e nas quais vivemos. Normalmente, as metáforas da arquitetura não são concebidas de modo consciente nem identificadas de forma intelectual, pois orientam e condicionam nossas ações e emoções por meio de canais inconscientes e corpóreos. As metáforas da arquitetura se fundamentam em nossas próprias faculdades de "estar no mundo" e são percebidas por nosso senso existencial e corporificado, não pelo intelecto.

Gostaria de deixar claro que não apoio a nostalgia ou o conservadorismo da arquitetura. Defendo uma arquitetura que advém do conhecimento de seu solo histórico, cultural, social e mental. Ao visitar a Assembleia de Louis Kahn, em Daca, Bangladesh, fiquei extremamente impressionado com o extraordinário poder da arquitetura do Complexo do Parlamento, que cria um senso de lugar e centro que exala significados culturais e metafísicos e eleva o espírito humano. Tem o poder focalizador de uma mandala, uma imagem de meditação. Essa arquitetura pertence totalmente à nossa época, mas reflete e revitaliza camadas profundas da história e da cultura, além de conseguir evocar o orgulho social e a esperança por meio de sua poderosa essência metafórica. Essa arquitetura evoca imagens históricas que vêm desde o Templo de Carnac, no Antigo Egito, e da *gravitas* da arquitetura romana, embora seja, simultaneamente, uma promessa revigorante de reconciliação e justiça para o futuro (ilustrações na próxima página).

O arquiteto de Bangladesh Nurur Rahman Khan relaciona de modo comovente a arquitetura de Kahn com a cultura local:

> Nossa assembleia atual ficou arraigada em nossa consciência nacional nas últimas décadas; assim, parece que não teve um início, um ponto de partida real. Parece que sempre esteve ali (...), que sempre esteve em nossas mentes, que sempre foi parte de nós. Nossa assembleia está muito perto de nossos corações e de nossas memórias, dando a impressão de que adquiriu as características de atemporalidade e eternidade que andam lado a lado com a identidade e a nossa percepção consequente de ser natural de Bangladesh.[85]

Khaleed Ashraf, outro arquiteto local, descreve a epifania da arquitetura de Kahn da seguinte maneira:

> Na Assembleia (...), as principais correntes da arquitetura, como o Renascimento romano, a arquitetura mogol e o Modernismo, parecem ter convergido – não como uma síntese, mas como um palimpsesto – em um único evento arquitetônico (...). Muito antes de sua ocupação funcional como uma "cidadela" política, o prédio ficou gravado na mente coletiva, paradoxalmente por meio de sua imagem "de ruína" e como um emblema do que está por vir. Como um épico, que já não é de nosso tempo, mas de um tempo cósmico, e (...) falava de coisas essenciais, coisas em torno das quais a vida assume coerência e busca significado.[86]

É realmente notável que cidadãos de um país islâmico em desenvolvimento possam elogiar com sinceridade uma obra incondicional de arquitetura contemporânea, criada por um arquiteto ocidental de origem judaica. Isso nos faz acreditar no contínuo potencial reconciliatório e de poderes da arquitetura verdadeira, bem como no poder mental inexaurível das grandes metáforas da arquitetura.

Imagem, afeto e empatia

A empatia é um processo inconsciente no qual o indivíduo usa seu próprio corpo como um molde que lhe permite "sentir" a experiência do outro.[87]

Vittorio Gallese, citado em A. H. Modell, *Imagination and the Meaningful Brain*, 2006

O IMAGINÁRIO INTEGRADOR DA ARQUITETURA

As arquiteturas moderna e contemporânea têm sido acusadas, repetidas vezes, de não provocar impacto emocional e mental. Contudo, diversas obras-primas de arquitetura do período moderno nos comovem tanto quanto qualquer uma das grandes obras da história. O poder da arquitetura está em seu conteúdo mental profundamente inconsciente e coletivamente identificável que se dirige a nós por meio do imaginário corporificado e da metáfora.

As obras profundas sempre evocam uma consciência do passado, como se fossem encarnações da história. Essa experiência de profundidade temporal advém de um "senso histórico" – para usar uma noção de T. S. Eliot – e não de algum período ou precedente histórico específico.

Louis I. Kahn, Salão Hipostilo, Templo de Amon, Carnac, Egito, 1951. Carvão vegetal sobre papel, 29,2 x 37,5 cm. Coleção de Sue Ann Kahn.

O templo de Carnac exala uma força arquitetônica única, porque é tanto matéria sólida quanto espaço.

Louis I. Kahn, Assembleia Nacional de Sher-E-Bangla Nagar, Daca, Bangladesh, 1962–74.

A geometria da arquitetura de Louis Kahn exala uma força primitiva e um senso de autoridade.

70 A Imagem Corporificada

EMPATIA NA ARTE E NA ARQUITETURA
Nós experimentamos obras de arte e de arquitetura como algo horripilante, melancólico, simpático, revigorante e reconfortante por causa da projeção e da troca inconscientes de emoções e afeto. A imagem artística condiciona nosso ser mental e corporal por inteiro a projetar sentimentos descontrolados na obra e a recebê-los de volta, como se fossem qualidades da própria obra.
Ticiano, *Apolo e Mársias*, cerca de 1575, 212 x 207 cm. Museu Nacional, Kromeriz, República Tcheca.
É quase insuportável olhar a cena pintada do sátiro Mársias sendo esfolado vivo pela vingança de Apolo, pois sentimos que nossa própria pele está sendo arrancada. O poder emotivo da imagem revela quão profundamente internalizamos as imagens poéticas e nos identificamos com elas.
Alvar Aalto, Sanatório para Tuberculosos, Paimio, 1929–33.
A imagem de chegada do Sanatório de Paimio, de Alvar Aalto, dá as boas-vindas ao paciente e exala um ar terapêutico de cura e otimismo.

A capacidade mimética ou o mimetismo se baseia na capacidade de produzir atos conscientes, autoiniciados e representacionais que são intencionais, mas não linguísticos.[88]

Merlin Donald, citado em A. H. Modell, *Imagination and the Meaningful Brain*, 2006

Na opinião de Jean-Paul Sartre, a imagem propriamente dita não possui poder emotivo; ela não pode ser convidativa, reconfortante ou asquerosa, por exemplo. Richard Kearney explica a compreensão sartreana da imagem: "Não é a imagem que é persuasiva, erótica ou asquerosa. Somos nós que persuadimos, excitamos e repugnamos *a nós mesmos* pelo próprio ato no qual construímos a imagem (...). Uma imagem é uma irrealidade que não tem características além das conferidas por nós" (itálico de Kearney).[89] O conteúdo emotivo surge no encontro com a obra e a projeção que o observador faz de aspectos de si mesmo nela. Persuadimos, excitamos e repugnamos a nós mesmos por meio do ato de confrontar e construir a imagem e nos associarmos com ela. Na visão sartreana do existencialismo, uma imagem é uma irrealidade e não tem características sem uma experiência humana para projetar propriedades e características distintas sobre ela.

Expressando a ideia de que uma imagem artística precisa ser trazida à vida, Kearney conclui que "uma figura permanece morta até ser imaginada".[90]

Ao ler *Crime e Castigo*, de Dostoievsky, o leitor constrói gradualmente a cidade de São Petersburgo, com suas inúmeras ruas, vielas, edifícios, cômodos, esquinas escuras, habitantes e seus destinos variados. A cena de Mikolka espancando seu cavalo torturado até a morte é emocionalmente insuportável, uma vez que o leitor vê e experimenta essa cena brutal de modo tão nítido que todo seu senso ético se revolta contra essa crueldade obscena. O leitor chega a desenvolver um sentimento de culpa porque não consegue impedir tal atrocidade. Todas as imagens artísticas significativas evocam posturas éticas.

A opinião de que, em nosso papel de leitor/ouvinte/observador/morador, projetamos conteúdo emocional e significado mental sobre a imagem artística nos ajuda a compreender como até mesmo obras de arte primordiais podem ter um senso de vida e realidade completo com a passagem de milhares de anos. "Um artista vale mil séculos", como Paul Valéry afirma com perspicácia.[91]

Experimentar conteúdo emocional em uma imagem implica uma identificação com o objeto e uma projeção do indivíduo na imagem. Sabe-se que um humano recém-nascido demonstra uma capacidade inata de imitar ações mecânicas. Uma hora após o nascimento, os bebês já imitam a protusão da língua e outros gestos faciais e manuais. A descoberta dos neurônios-espelho por Vittorio Gallese e Giacomo Rizzolatti sugere que "ações autoiniciadas e a percepção, pelo indivíduo, de ações idênticas realizadas por outro evocam a mesma resposta neural. Um aspecto importante da observação é que a percepção visual do objeto não é ativada nos neurônios-espelho, pois esses neurônios são ativados apenas ao observar uma ação específica".[92] Tais observações resultam na suposição de que o cérebro é intrinsecamente relacional. "Essa pesquisa sugere que utilizamos nossos corpos como um modelo que nos permite encontrar o caminho até a experiência do outro. Isso apoia a teoria de que as raízes da empatia estão no corpo e, como na identificação projetiva, o processo ocorre inconscientemente".[93]

O fato de sermos capazes de perceber espacialmente a realidade representada em imagens bidimensionais tão bem quanto na representação de ações e movimentos, combinado com o fenômeno psicanaliticamente comprovado da identificação projetiva e a descoberta atual dos neurônios-espelho, sugere uma base para nossa misteriosa capacidade de experimentar um intenso relacionamento emotivo e afetivo com as imagens artísticas. A experiência de chorar devido a uma pintura, música ou espaço de arquitetura

O POEMA OBJETO E A COLAGEM ARQUITETÔNICA

Rainer Maria Rilke utiliza a bela noção de *Dinggedicht* para a poesia baseada em objetos. A colagem e a montagem são métodos artísticos caracteristicamente modernos que criam conexões associativas entre os objetos encontrados e imagens fragmentadas.

Com frequência, a revitalização e a reciclagem de edifícios introduz um contraponto poético entre diferentes funções, materiais e linguagens de arquitetura. Os projetos de revitalização na arquitetura muitas vezes criam uma ambiência teatral; o novo funciona como pano de fundo e enquadramento para o antigo e vice-versa.

Jiří Kolař, *A conferência dos pássaros*, 80 x 60 cm, 1963.

O imaginário poético das colagens do poeta-artista tcheco está suspenso entre palavras e figuras, frases e objetos.

Carlo Scarpa, Museu do Castelvecchio, Verona, 1956–64 (em colaboração com C. Maschietto e A. Rudi).

Scarpa foi o grande mestre dos projetos de revitalização que sobrepõem mensagens da arquitetura de períodos e estilos diferentes.

é evidentemente valorizada pelas descobertas recentes no campo da neurologia. Gallese supõe que talvez existam outros mecanismos similares no cérebro, além dos neurônios-espelho, que explicam a base neural da intersubjetividade.[94]

A imagem colada

Com frequência, muros antiquíssimos, com seus riscos, traços e manchas, assim como *outdoors* com vestígios rasgados e sobrepostos de cartazes e anúncios, sugerem colagens acidentais de maneira intrigante. A colagem e a montagem são as técnicas artísticas modernas e contemporâneas mais características, ao lado da montagem cinemática. A colagem cria um denso campo narrativo não linear e associativo por meio de agregados inicialmente não relacionados, uma vez que os fragmentos obtêm novos papéis e significados por meio do contexto e do diálogo com outros fragmentos da imagem. Os ingredientes sugerem origens e histórias variáveis, enquanto as descontinuidades sugeridas oferecem mudanças e vazios sugestivos na narrativa ou lógica da imagem. Uma categoria especial da colagem inclui imagens que pairam entre o visual e o verbal, o pictórico e o poético, expressões materiais e conceituais, como as colagens textuais líricas do poeta-pintor tcheco Jiři Kolař (1914–2002) (ilustração, página 72, à esquerda).

A noção de colagem também se aplica à arquitetura. Camadas de diferentes usos e alterações ao longo do tempo em um edifício ou contexto sugerem um tempo condensado e denso, bem como a técnica deliberada da colagem. A reforma de um prédio resulta inevitavelmente na justaposição de estruturas, formas, tecnologias, materiais e detalhes contrastantes à maneira de uma colagem. A justaposição deliberada do antigo e do novo revela as diversas vidas e os períodos culturais da estrutura. A expressão arquitetônica e o simbolismo originais podem muito bem entrar em um conflito dramático com o uso adaptado. A revitalização do Castelvecchio (1956–64), em Verona, por Carlo Scarpa, (ilustração, página 72, à direita), a transformação das ruínas da Mansão do Bispo, em Hamar, no Museu da Catedral de Hedmark (1967–79), por Sverre Fehn, e a recente reconstrução do Museu Novo (2009), em Berlim, por David Chipperfield, estão entre os exemplos mais impressionantes de colagens de arquitetura que surgiram por meio de uma reforma cuidadosa e sensível. Tais tarefas exigem um julgamento de valor e uma preocupação constantes com a autenticidade, além de sensibilidade para entender e criar diálogos de arquitetura por meio de estilos e do tempo. Em função da criação de camadas e do aspecto multitemático inerentes, projetos de revitalização costumam adquirir uma ambiência teatral distinta.

A estratégia artística da colagem sugere inevitavelmente camadas de tempo, sendo que os fragmentos ou as ruínas de arquitetura descobertos evocam a presença nostálgica do tempo; as ruínas são um *memento mori* de arquitetura. A estratégia da colagem também tem sido usada no projeto de edifícios inteiramente novos com o objetivo de criar um senso de história e permanência. A casa de Sir John Soane (atualmente um museu) no Lincoln's Inn Fields, em Londres (1792–1824), é uma densa colagem de motivos de arquitetura e fragmentos históricos (ilustração, página 74, à esquerda). O arquiteto estava tão obcecado com a ideia de uma ruína de arquitetura que, depois de terminar a construção, escreveu um relato de sua casa em estado de ruína, na visão de um antiquário do futuro.[95]

Entre os arquitetos da modernidade, Alvar Aalto se interessava frequentemente em criar a experiência de duração temporal e a ambiência de contextos históricos por meio de sugestões subliminares de vestígios de culturas anteriores ou de ruínas, como a colagem de tijolos de sua Casa Experimental

O FASCÍNIO DAS RUÍNAS DE ARQUITETURA

Com sua tendência inerente para a racionalidade, perfeição e atemporalidade, os edifícios costumam permanecer fora do alcance de nossas reações emocionais e empáticas. As camadas de vestígios de uso, o desgaste e a pátina normalmente enriquecem a imagem da arquitetura e convidam nossa participação empática. As ruínas de arquitetura oferecem imagens especialmente potentes em termos de associação nostálgica e imaginação, como se o tempo e a erosão tivessem despido a estrutura de seu disfarce criado pela utilidade e pela razão.

John Soane, Casa Soane (Museu), 13 Lincoln's Inn Fields, Londres, 1792–1824. Vista da cúpula em 1811, Joseph Gandy, aquarela, 1370 x 800 mm.

Alvar Aalto, Casa Experimental, Muuratsalo, Finlândia, 1952-3. Colagem de tijolos e peças de cerâmica na parede do pátio interno.

As paredes do pátio interno são feitas de tijolos descartados no canteiro de obras contemporâneo da Prefeitura de Säynätsalo e elementos cerâmicos especiais de outros projetos de Aalto.

em Muuratsalo (1952–3) (ilustração, à direita). Essa colagem tectônica ao redor de um pátio sugere que as paredes de tijolos são feitas a partir dos resquícios de uma edificação preexistente no terreno; na verdade, são feitas com tijolos descartados de seu canteiro de obras da Prefeitura de Säynätsalo (1948–52), que fica na vizinhança, e de numerosas variações de tijolos de cerâmica de outros projetos anteriores e contemporâneos. Esse imaginário cria uma experiência de tempo tátil e um sentimento de ter raízes, de nostalgia e saudosismo. A Villa Mairea, em Noormarkku (1938–9), é outro exemplo da técnica de colagem do arquiteto – neste caso, uma montagem de motivos de imagem que se referem às tradições vernaculares finlandesas, à modernidade internacional e à arquitetura tradicional do Japão (ilustrações, páginas 52, à direita, e 85, à direita). O projeto cola de modo deliberado diversos materiais, temas formais e elaborações de detalhes, e está evidentemente relacionado à ideia cubista de colagem.

Imagens de incompletude e destruição

Superfícies e formas incompletas e erodidas iniciam e estimulam sonhos da mesma forma que a figura de um borrão de tinta convida a interpretações de figuras no teste de personalidade inventado pelo psiquiatra suíço Hermann Rorschach (1844–1922). Essas imagens e suas interpretações abrem canais de mundos mentais ocultos. A tendência de ver coisas familiares ou estranhas em uma imagem fundamentalmente amorfa ou "desprovida de coisas" é empregada nas artes com frequência. Nosso sistema sensorial e perceptual está orientado para a varredura constante do campo perceptual em busca de possíveis significados; tal função inerente da organização sensorial e neural pode ser compreendida por uma perspectiva bio-histórica. A capacidade e a proximidade de encontrar significado, mesmo em um campo perceptual confuso e oculto, certamente teve um alto valor de sobrevivência durante o processo de evolução.

Leonardo da Vinci observou o impacto estimulante de superfícies erodidas sobre a imaginação. Seguindo uma antiga instrução chinesa, aconselhou os artistas a olharem para uma parede em ruínas em busca de inspiração:

> Quando você olhar para uma parede pontilhada com manchas ou com uma mistura de pedras, se precisa criar alguma cena, poderá descobrir uma semelhança com várias paisagens (...) ou, então, poderá enxergar batalhas e figuras em movimento, rostos e vestimentas estranhos, ou uma variedade infinita de objetos, que podem ser reduzidos a formas completas e bem desenhadas. Essas formas aparecem em tais paredes de maneira promíscua, como o som de sinos em cuja dissonância é possível encontrar qualquer nome ou palavra que se queira imaginar.[96]

As imagens das pinturas de Jackson Pollock e Henri Michaux são compostas de manchas, borrões e formatos acidentais de tinta ou de cores, que são interpretados automaticamente como imagens figurativas ou personagens vivos em várias atividades dinâmicas, de acordo com a sugestão de Leonardo da Vinci. Essas interpretações automáticas e subliminares também evocam nossas emoções projetadas: a cena sugerida é convidativa ou repulsiva, agradável ou agressiva.

A imagem de um edifício tem um poder estimulante similar em nossa imaginação. As características e a riqueza de uma imagem da arquitetura surgem da riqueza de imagens e significados associativos evocados – e não da gestalt arquitetônica pura. A imagem de um edifício fala instantaneamente de proteção, familiaridade e convite, ou de ameaça, estranheza e rejeição. Tais características inerentes de edifícios e espaços são empregadas de maneira intuitiva por escritores, cineastas e outros artistas para criar um ambiente distinto para o evento ou personagens humanos retratados na história.

É instigante perceber que espaços de arquitetura abandonados, danificados ou destruídos costumam evocar associações mais ricas e mais emocionais do que a arquitetura contemporânea aperfeiçoada. Até mesmo cenas de desas-

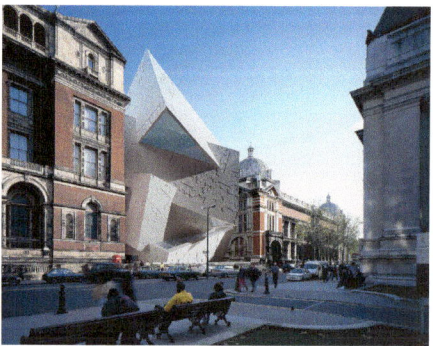

A IMAGEM DESESTABILIZADA INTENCIONALMENTE

A linguagem normativa da arquitetura expressa estabilidade, permanência e previsibilidade. A violação, destruição e desestabilização da imagem da arquitetura introduz surpresa, imprevisibilidade e ameaça e, junto com essas novas percepções espaciais e estruturais, novas dimensões da emoção.

As configurações escultóricas/arquitetônicas de Matta-Clark violam a geometria da estabilidade e da permanência estruturais, enquanto o projeto de Libeskind apresenta um novo conceito espacial e estrutural que questiona as antiquíssimas convenções da arquitetura.

Gordon Matta-Clark, *A Laranja Caribenha*, 1978. Fotografia *silver dye-bleach*. Museu de Belas Artes, Houston, Texas.

Daniel Libeskind, Ampliação do Museu Vitória e Alberto, Londres, Reino Unido, projeto, 1996.

tres ou calamidades naturais, como terremotos, incêndios, explosões e acidentes de trem, projetam características de imagens curiosamente sugestivas. A arquitetura de vanguarda atual – como os projetos de museu de Daniel Libeskind – frequentemente se baseia em imagens provocantes de estruturas dinamicamente desestabilizadas que questionam a primazia da verticalidade e da horizontalidade, o ângulo reto e a linha reta, bem como convenções estilísticas estabelecidas (ilustração, acima, à direita, Daniel Libeskind, Ampliação do Museu Vitória e Alberto, Londres, Reino Unido, projeto). Em sua iconoclastia dinâmica, nos faz lembrar de inúmeras imagens históricas da arquitetura, além de nossas expectativas estilísticas. Com frequência, a imagem da arquitetura perfeita é uma imagem fechada e final, enquanto a cena de perturbação ou destruição abre uma diversidade de narrativas que reverberam com o passado e o futuro. Cenas de desastres revelam forças e eventos que fogem fundamentalmente ao controle humano e, como resultado, revelam casualidades inesperadas e sequências temporais.

O diretor de teatro Peter Brook demoliu propositalmente seu teatro Bouffes du Nord, em Paris, para criar um espaço associativo e emocionalmente responsivo. "Um bom espaço não pode ser neutro, pois uma esterilidade impessoal não alimenta a imaginação. O Bouffes tem a magia e a poesia de uma ruína e aquele que se deixa ser invadido pela atmosfera de uma ruína sabe muito bem como a imaginação corre solta", argumenta ele.[97]

Em um ensaio sobre a manipulação destrutiva dos espaços de arquitetura por Peter Brook com objetivos teatrais, Andrew Todd escreveu:

As paredes envolvem o tempo de modo complexo. Há um pós-eco da forma original do salão de música burguês – e isso é obtido de modo profundo, até mesmo trágico, pela abertura de camadas do tempo nas paredes. Sua epiderme, que prende a imaginação em um estilo ou período específico, foi ressequida, de maneira que as paredes existem em um momento indeterminado – em parte, entre a definição cultural e a dissolução escatológica. Mas não se trata de uma ruína morta: Brook não teve medo de perturbar o lugar um pouco mais, fazendo buracos, criando portas (…). Também podemos falar em outra pátina virtual que as paredes adquiriram com a marca da obra de Brook no local.[98]

As manchas e sinais de um edifício demolido, que permaneceram na parede da casa vizinha em *The Notebooks of Malte Laurids Brigge*, de Rainer Maria Rilke, são um testemunho similar de vidas passadas nos cômodos já ausentes da casa destruída:

Lá estavam os meios-dias e a doença, e a respiração exalada e a fumaça dos anos, e o suor que sai das axilas e deixa as roupas pesadas, e o cheiro viciado das bocas e o odor oleoso dos pés abafados. Lá estavam o cheiro penetrante da urina e da fuligem queimada, e o odor pungente das batatas e a catinga suave da gordura rançosa. O odor doce e prolongado dos bebês mal-cuidados estava lá, e o cheiro de medo das crianças que vão para a escola e o ardor das camas dos jovens casadouros.[99]

Jean-Paul Sartre escreveu algo parecido sobre o fascinante poder emocional do desastre e da derrota:

Quando os instrumentos estão quebrados e inutilizados, quando os planos estão destruídos e o esforço é inútil, o mundo aparece com um frescor infantil e terrível, sem suportes, sem caminhos. Tem uma realidade máxima porque (…) a derrota restitui a realidade individual às coisas (…). A própria derrota se transforma em salvação. Por exemplo, a linguagem poética emerge das ruínas da prosa.[100]

A estrutura arruinada deixou de executar a função de um edifício útil; é apenas um andaime para a memória, uma presença puramente melancólica sem qualquer valor utilitário. Abandonou a razão e a racionalidade unidimensionais. Os edifícios arruinados, erodidos, perfurados, inundados e com goteiras dos filmes de Andrei Tarkovsky, como *Stalker* e *Nostalgia*, bem como os edifícios dramaticamente dissecados de Matta-Clark, expõem dinâmicas espaciais completamente novas e sentimentos trágicos ocultos atrás da face utilitária da arquitetura; eles exemplificam o impacto da destruição em nossa imaginação e empatia (ilustração, página 76, à esquerda).

Tarkovsky cita Marcel Proust – "erguendo o vasto edifício de memórias"[101] – e considera isso como a vocação do filme. Costumamos projetar nossos sentimentos de empatia e compaixão a cenas de destruição e erosão, enquanto estruturas perfeitas não pedem nossa compaixão nem precisam delas, pois se mostram autossuficientes por meio de seus valores racionais e instrumentais.

Imagens do tempo

O que o passado e o futuro têm em comum é nossa imaginação, que os exorta [...], nossa imaginação está arraigada em nosso terror escatológico; o horror de pensar que não temos precedentes nem consequências. Quanto maior o terror, mais detalhada é nossa noção de antiguidade e utopia.[102]

Joseph Brodsky, *Campidoglio*, 1994

Bachelard faz uma distinção entre o tempo interrompido e vertical do imaginário poético e o fluxo horizontal da vida cotidiana:

> Todo poema verdadeiro [...] contém o elemento do tempo que parou, o tempo que não obedece ao relógio, o tempo que deveremos chamar de *vertical* para diferenciá-lo do tempo comum que se infiltra horizontalmente, junto com o vento e as águas do córrego. Daí o paradoxo, que devemos observar com bastante clareza; enquanto o tempo prosódico é horizontal, o tempo poético é vertical.[103] [Itálico de Bachelard]

A experiência do tempo e o senso de duração e continuidade temporais têm uma importância mental primordial na arquitetura; não vivemos apenas no espaço e no lugar, mas também habitamos o tempo. O filósofo Karsten Harries ressalta a realidade mental do tempo na arquitetura: "A arquitetura não se limita à domesticação do espaço; também é uma defesa profunda contra o terror do tempo. A linguagem da beleza é, essencialmente, a linguagem da realidade atemporal".[104]

Na verdade, todas as artes lidam com o tempo e o manipulam. Nas artes, o tempo experimental pode ser compactado, acelerado, desacelerado, revertido e interrompido. Na arquitetura, é possível fazer uma distinção entre a arquitetura lenta e a rápida, entre edifícios que contêm e retêm o tempo e aqueles que evitam ou explodem o tempo. Em uma cultura em que o tempo voa ou é explodido, como em nossa época da velocidade, a tarefa das artes parece ser defender a compreensibilidade do tempo, sua plasticidade, tatilidade e vagarosidade experimentais. É significativo que a velocidade do tempo esteja inversamente relacionada à nossa capacidade de memória. Milan Kundera sugere que o ato de memorizar está relacionado à lentidão, enquanto a velocidade resulta no esquecer.[105]

Ao mesmo tempo em que estão profundamente envolvidas com a dimensão experimental do tempo, as grandes obras de arte parecem negligenciar a progressão do tempo como um todo e resistir às suas consequências negativas. Uma pintura rupestre que foi feita na escuridão profunda de uma caverna há quase 30 mil anos tem a mesma vitalidade e poder de gerar imagens que qualquer obra de arte concebida nos dias de hoje. Como uma imagem artística mantém seu frescor e impacto com o passar do tempo infinito? Ao olharmos uma tela de Piero della Francesca ou de Johannes Vermeer, ainda podemos sentir a presença do artista e imaginar sua mão guiando o pincel em "um universo [...] limitado ao que está entre cada extremidade de um pincel", como afirma o poeta Randall Jarrell.[106]

Paradoxalmente, a imagem poética funde as dimensões do tempo e da atemporalidade. A realidade atemporal da arte é, certamente, um dos maiores mistérios de nossos mundos experimental e mental. A experiência da atemporalidade na arte advém do fato de que a experiência da arte ocorre em um mundo imaginário e em uma realidade mental, que são sempre recriados pelo observador; a realidade experimental e emotiva da obra é recriada em cada encontro sucessivo.

Em "Introduction to Chagall's Bible", Bachelard escreve sobre a magia da arte em relação ao tempo e à contemporaneidade:

> Com seu lápis na mão, cara a cara com a escuridão de um passado muito distante, certamente Chagall teria cinco mil anos de idade. Seu coração bate em um ritmo milenar. É tão velho quanto aquilo que vê [...]. Você ficará preso em um dos grandes sonhos da temporalidade; virá a conhecer a contemplação dos milênios. Chagall também lhe ensinará como ter cinco ou seis mil anos de idade.[107]

Ambientes históricos contêm sinais e traços benevolentes e revigorantes do tempo, enquanto os contextos de arquitetura contemporâneos, com seus materiais artificiais e suas técnicas industrializadas, normalmente não fortalecem a experiência de um *continuum* temporal, uma progressão constante do tempo. A ideologia moderna aspira por um tempo presente perpétuo e idolatra impressões de juventude e novidade – ideais que também são refletidos na arquitetura. Na cultura atual, podemos experimentar as aspirações simultâneas de suspender e acelerar o tempo, e essas obsessões conflitantes parecem criar a implosão do tempo que vários filósofos pós-modernos destacaram.

A imagem ilusória

Em comparação com o mundo antigo da realidade e da causalidade experimentais, nosso mundo tecnológico contém um número cada vez maior de elementos de ilusão, imaterialidade e falta de causalidade. Esse senso de irrealidade onírica é provocado por tecnologias que funcionam além do limite da percepção sensorial e por materiais cujas propriedades já não podem ser detectadas pelos sentidos. O vidro é o material mais recente desse moderno mundo de sonho, e é também a origem do mundo ilusório de transparência, reflexão e espelhamento. É um material de fascínio e sedução, embora as superfícies refletivas e espelhadas também evoquem isolamento e até mesmo medo. "Quando era criança, eu sentia, em frente a espelhos grandes, o mesmo horror de uma duplicação ou multiplicação espectral da realidade [...]. Uma das preces que eu mais fazia a Deus e ao meu anjo da guarda era não sonhar com espelhos", escreveu Jorge Luis Borges sobre seu medo de espelhos.[108] Os espelhos criam duplicatas e o duplo é experimentado de maneira perturbadora e sinistra. Por essa razão, o tema do duplo é frequente no horror literário e cinematográfico.

Ver o mundo e a si mesmo como um reflexo pode ser estimulante, assustador ou alienador. A literatura, a pintura, a fotografia e o cinema nos oferecem exemplos esclarecedores dos diferentes significados dessas experiências. No filme *Orfeu* (1949), de Jean Cocteau, o protagonista narcisista desaparece deste mundo através de um espelho. Em *Nostalgia* (1983), de Andrei Tarkovsky, o poeta protagonista se olha em um espelho, mas é inesperadamente confrontado pela imagem do matemático louco Domênico. *A Dama de Xangai* (1948), de Orson Welles, termina dramaticamente com um duelo em um armário com espelho, que anula a distinção entre o real e o irreal, amigo e inimigo, corporificação e reflexo fantasmagórico. *Play Time* (1969), de Jacques Tati, é a paródia cinematográfica máxima das variadas confusões e frustrações resultantes do uso excessivo do vidro na modernidade.

Além disso, nas telas de René Magritte, como *A Noite Cai* (1964) e *O Domínio de Arnheim* (1949), a imagem do próprio mundo é estilhaçada, e os critérios do real, questionados. Em contextos artísticos, a perfeição fantasmagórica do espelho normalmente é humanizada por uma superfície riscada ou corroída; dessa forma, alivia-se sua perfeição necrofílica. Os espelhos corroídos dos filmes de Tarkovsky exemplificam essa supressão e humanização da perfeição ameaçadora. A moda atual de adicionar padrões serigrafados ou imagens sobre superfícies de vidro parece ser motivada por um desejo de enfraquecer o impacto necrofílico das superfícies de vidro, além de uma tentativa de reintroduzir os ornamentos na arquitetura.

Geralmente, o vidro é visto como um símbolo de democracia, igualdade e transparência. Contudo, uma superfície de vidro também pode evocar controle voyeurista, poder corporativo, segregação e até mesmo a perda da visão. Novos centros urbanos no mundo todo frequentemente criam essa atmosfera opressiva de alienação, controle e exclusão. Superfícies de vidro escurecidas, coradas e polarizadas, em especial, tendem a evocar esse tipo de experiência negativa, exceto se o material for usado com grande sensibilidade artística.

No mundo animista da arquitetura, edifícios gesticulam e se comunicam por uma mimese e uma identidade corporais inconscientes, por meio de suas formas, sua materialidade, escala e detalhes. As janelas são os olhos da casa – e esses olhos podem ser benevolentes e convidativos ou cruéis e ameaçadores. Janelas quebradas são experimentadas, de modo doloroso, como olhos violados e cegos (ilustração, página 126, Gordon Matta-Clark, *Window Blowout*). Os olhos da casa também podem parecer sofrer de alguma doença assustadora ou podem ficar cegos; o vidro corado e polarizado frequentemente dá a impressão de uma doença ocular perturbadora.

Não existe criatividade técnica capaz de eliminar tais leituras inconscientes de nossas experiências das edificações, pois nossa leitura do ambiente é programada biologicamente; somos condicionados a identificar de maneira inconsciente, em uma fração de segundo, tanto a hostilidade como a benevolência. Damos alma a nossos edifícios sem saber e os encontramos do mesmo modo como confrontamos criaturas vivas.

O vidro incentiva experiências de ilusão e sonho. Sua transparência e opacidade, reflexo e fusão, presença e ausência simultâneos transformam sua superfície em uma paisagem onírica, uma colagem experimental. Interior e exterior, posterior e anterior, superfície e profundidade – tudo se funde em imagens simultâneas e inseparáveis.

Bachelard escreve sobre uma categoria especial de poetas: os "poetas da água".[109] Por ser um líquido super-resfriado, o vidro evoca imagens que estão intimamente relacionadas com as da água. Consequentemente, também podemos falar em "poetas do vidro". Na realidade, existem grandes poetas entre os desenhistas, artistas, arquitetos e engenheiros do vidro e todos são capazes de imaginar encantadores sonhos de vidro. Eles conseguem expressar as diversas essências do material, seu aspecto quebradiço e maleabilidade, rigidez e fragilidade, imaterialidade e solidez, peso e leveza simultâneos. Na alquimia básica da arquitetura, há duas categorias fundamentais de matéria: a matéria opaca e a matéria transparente. Uma cria separação, privacidade e sombra; a outra proporciona conectividade, visibilidade e luz.

Além de suas características utilitárias e técnicas, o vidro é um material que tem fortes conotações mitológicas, simbólicas e utópicas. O desejo de visibilidade e invisibilidade, materialidade e imaterialidade, presença e ausência simultâneos é uma característica da psique humana; imagens oníricas de casas e catedrais de vidro persistiram desde a Idade Média até as eras moderna e pós-moderna. Por meio de uma sucessão de projetos visionários, a arquitetura moderna tem buscado transparência, leveza e imaterialidade. Essas aspirações foram resumidas, por exemplo, nas grandes estufas do século XIX, com destaque para o fabuloso Palácio de Cristal, construído em Londres para a Grande Exposição de 1851 – em minha opinião, o edifício mais revolucionário e progressivo do período, de certa maneira, e um exemplo insuperável de pré-fabricação e montagem rápida. As edificações cristalinas dos expressionistas alemães Paul Scheerbart, Bruno Taut e Hans Scharoun antecedem os projetos de torres feitas totalmente de vidro por Mies van der Rohe na década de 1920, bem como as ambições utópicas dos construtivistas russos do mesmo período. As modernas casas de vidro de Pierre Chareau, Paul Nelson, Mies van der Rohe e Philip Johnson exemplificam esse ideal, em conjunto com os incontáveis edifícios de vidro de orientação minimalista e *high-tech* da atualidade.

Uma existência humana presa em uma bolha invisível feita de material transparente também tem sido um sonho permanente, desde a visão pintada do "Paraíso" de Hieronymus Bosch, no início do século XV, até a bolha ambiental criada por Reyner Banham no final da década de 1960. Em seu influente ensaio "Um Lar não é uma Casa" escrito no final da década de 1960, Banham argumentou que a tecnologia mecânica está se tornando cada vez mais importante do que os componentes materiais tradicionais da arquitetura, e que a casa acabará se transformando em um mecanismo puramente mecânico para fins de controle ambiental. Com essa visão, Banham sugeriu o fim da arquitetura em sua concepção tradicional. Em sua opinião, nossa compreensão da arquitetura e de sua estética precisa ser reavaliada radicalmente como uma consequência do progresso em direção a uma tecnologia cada vez mais refinada e eficiente e a uma visibilidade que cresce gradualmente.[110] Podemos, portanto, falar apropriadamente em "uma arquitetura invisível". Na atmosfera utópica da década de 1960, Hans Hollein chegou a propor uma pílula ambiental que projetasse as experiências mentais de várias condições arquitetônicas por meio de indução química. Buckminster Fuller, Yona Friedman, Frei Otto e muitos outros expandiram a ideia de uma proteção ambiental invisível na escala monumental da metrópole e da paisagem. Muitas dessas imagens futuristas foram de fato concretizadas nos projetos de Nicholas Grimshaw, Norman Foster, Richard Rogers e outros nas décadas de 1970 e 1980.

André Breton leva a imagem moderna da casa de vidro ao seu limite extremo: "(...) Continuo a morar em minha casa de vidro, onde é possível ver a qualquer hora quem vem me visitar, onde as coisas que estão suspensas do teto e das paredes ficam fixas como que por encantamento, onde descanso à noite sobre uma cama de vidro com lençóis de vidro, onde quem eu sou aparecerá para mim, cedo ou tarde, gravado por um diamante".[111]

A imagem icônica

A noção de "ícone" refere-se, inicialmente, às pinturas religiosas bizantinas e ortodoxas de Cristo e de santos. Essa tradição de pintura não almejava a uma expressão artística deliberadamente individual, uma vez que os ícones eram pintados de acordo com regras rígidas de um cânone representacional prevalecente.

Na linguagem moderna, o uso da noção foi expandido para denotar qualquer imagem, objeto ou mesmo personalidade reconhecida. "Obra icônica" e "imagem icônica" normalmente se referem a obras de arte ou imagens singulares que foram aprovadas pela cultura artística ou idolatradas popularmente, ou, ainda, que são consideradas representantes seminais de um gênero artístico distinto. *Os Girassóis* (1888), de Vincent Van Gogh, *Guernica* (1937), de Pablo Picasso, *Broadway Boogie Woogie* (1942/43), de Piet Mondrian, e *Marilyn Turquesa* (1962), de Andy Warhol, são exemplos que provavelmente seriam aceitos como ícones da pintura na visão do público.

Da mesma forma, obras icônicas na arquitetura são edifícios ou projetos que exemplificam uma abordagem formal distinta que é sábia e memorável. A Casa Schröder (1924), de Gerrit Rietveld, em Utrecht; a Casa de Vidro (1929), de Pierre Chareau, em Paris; a Casa de Konstantin Melnikov (1929), em Moscou; a Villa Savoye (1928–9), de Le Corbusier, em Poissy; a Casa da Cascata (1936), de Frank Lloyd Wright, em Bear Run, na Pensilvânia; e a Casa Farnsworth (1946–51), de Mies van der Rohe, em Plano, Illinois, podem ser listadas, sem reservas, como casas icônicas na história da arquitetura moderna. Todas elas são concentrações de uma ideia conceitual poderosa e de uma imagem formal forte e memorável; além disso, tiveram uma influência considerável na história da arquitetura. Cada uma delas representa uma "espécie arquitetônica" única e provocou inúmeras adaptações, ainda que com um poder de imagem decisivamente mais fraco que os originais. Sem dúvida, algumas outras casas – como a Casa Schindler (1921–2), de R. M. Schindler, em Los Angeles; a Casa Malaparte (1930–40), de Curzio Malaparte, em Capri; a Vila Girasole (1929–35), de Angelo Invernizzi e Ettore Fagiouli, em Marcellise, Verona; e a Casa Eames (1945–9), de Charles Eames, em Santa Mônica, Califórnia – também se qualificariam como casas icônicas.

Uma imagem icônica cristaliza e aperfeiçoa uma ideia até chegar a um ponto em que nenhuma melhora significativa possa ser esperada no conceito em questão. A imagem icônica abre e fecha, simultaneamente, uma linha de pensamento e desenvolvimento específica.

Como as pinturas de ícones religiosos originais, uma obra de arquitetura icônica irradia uma aura e um senso especiais de importância e autoridade. Por causa de seu ambiente de perfeição e absolutismo, uma imagem icônica pode até obter uma aura sagrada espiritual. O *Quadrado Preto* de Kazimir Malevich (1913) e as telas quase pretas feitas por Ad Reinhardt na década de 1960, com uma figura vaga que aparece somente depois de um olhar prolongado, têm um ar distinto de ícones religiosos, apesar da ausência de um tema narrativo, simbólico ou figurativo. Os edifícios icônicos também exalam uma atmosfera de fascínio ou imponência, pois a obra material leva a consciência humana a uma realidade espiritual e imaginativa.

A imagem épica

A riqueza experimental inata de imagens artísticas profundas gera leituras épicas; um verso se transforma em uma história do destino humano e na narrativa de uma época inteira. Uma abstração pintada, como as pinturas escuras de Mark Rothko na Capela Rothko, em Houston, Estados Unidos, conduz o observador ao próprio limite entre a vida e a morte, o ser e o não ser. *Cozinha de Fazendeiro* (1936), de Walker Evans, é uma fotografia simples da cozinha de madeira de um trabalhador rural pobre vista pela porta, mas a bacia de metal, a toalha de linho branca ao lado, a lamparina a óleo sobre a mesa da cozinha e outros objetos de uso doméstico transformam a figura em uma imagem de domesticidade, limpeza e caráter sagrado da vida simples que é de partir o coração. Além disso, uma obra-prima da arquitetura, como a Vila Mairea, de Alvar Aalto (ilustração, próxima página, à direita), se transforma em uma narrativa épica da história cultural e da vida, da natureza e do artifício, da utilidade e da beleza, e oferece a promessa revigorante de um futuro mais humano. Esta casa não é uma edificação modernista tectônica comum; ela funde imaginários irreconciliáveis em um todo sinfônico. Esse imaginário da arquitetura é ainda mais enriquecido e aprofundado por imagens da arte moderna. Já no momento da chegada, a casa dá uma recepção extraordinariamente cordial e faz a promessa silenciosa de cuidar bem do visitante.

Em sua famosa leitura da imagem de Vincent Van Gogh denominada *Um Par de Sapatos* (1886) (ilustração, próxima página, à esquerda), Martin Heidegger interpreta um par de sapatos gastos da esposa de um camponês holandês como uma narrativa épica que se desenrola a partir desses objetos sem valor perante os olhos do observador. O fato de o artista ter pintado esta tela em Paris, aparentemente usando um par de sapatos próprios como modelo, não diminui a sugestividade poética das palavras do filósofo. Esse insignificante par de calçados representa todo um modo de vida, capturada e refletida na imagem surrada:

> A partir da abertura escura do interior surrado dos sapatos, o passo árduo do trabalhador nos encara. No peso rigidamente enrugado dos sapatos, existe a tenacidade acumulada de seu andar lento pelos baixios amplos e uniformes do campo, batidos pelo vento impiedoso. No couro, encontram-se a umidade e a riqueza do solo. Sob as solas, escorre a solidão da trilha conforme a noite cai. Nos sapatos, vibra o chamado silencioso da terra. O dom quieto do grão que nasce e sua autorrecusa inexplicável na desolação sem cultivo do campo invernal. Esse equipamento é dominado pela preocupação silenciosa quanto à certeza do pão, a alegria muda de ter suportado a privação mais uma vez, o tremor perante o parto iminente e o calafrio com a ameaça da morte que paira.[112]

Rainer Maria Rilke faz o mais surpreendente relato daquilo que é necessário para criar uma imagem artística profunda, um verso apenas. A perspicácia poética não é somente uma questão de criatividade verbal, pictórica ou espacial. Na opinião do poeta, ela exige uma compreensão e um amor profundos pela vida.

A IMAGEM ÉPICA NA ARTE E NA ARQUITETURA
Imagens artísticas são condensações de experiências e significados. Elas não se limitam a representar objetos como tema ou a organizar as questões práticas das atividades humanas; pinturas e edifícios são imagens completas da cultura e da vida. Um par de sapatos gastos pode narrar a história épica de uma vida árdua na fazenda, enquanto uma casa é uma narrativa inexaurível de sua própria época e de um estilo de vida, com suas rotinas diárias e aspirações espirituais.
Vincent Van Gogh, *Um Par de Sapatos*, 1886. Museu Van Gogh, Amsterdã, Holanda.
A descrição literária do par de sapatos de uma camponesa feita por Martin Heidegger revela o escopo épico da representação de objetos comuns pelo artista.
Alvar Aalto, Vila Mairea, Noormarkku, Finlândia, 1938–9. Fachada sul.
A obra-prima de Aalto é um dos projetos residenciais mais poéticos e ricos em experiências do século XX.

> (...) Os versos não são, como as pessoas imaginam, sentimentos simples (...), são experiências. Em nome de um único verso, é necessário ver muitas cidades, homens e coisas; é necessário conhecer os animais; é necessário sentir como os pássaros voam e conhecer os gestos das florezinhas ao abrirem pela manhã.[113]

O poeta continua com a lista de experiências que constituem o fundamento mental para o surgimento gradual de uma imagem poética, de maneira dramática e aparentemente infinita:

> (...) É preciso ter lembranças de muitas noites de amor, nenhuma igual à outra, dos gritos de mulheres em trabalho de parto, e de mulheres leves, brancas e adormecidas após o trabalho de parto, fechando-se novamente. Mas também é preciso ter estado ao lado dos moribundos, é preciso ter sentado ao lado dos mortos na sala, com a janela aberta e os ruídos apropriados.[114]

No entanto, todos esses encontros do drama que é a vida ainda não são uma base suficiente para o trabalho do poeta; a centelha criativa está embutida nas memórias internalizadas dessas experiências que se tornaram parte do próprio ser do poeta:

> Contudo, ter memórias não é suficiente. É preciso conseguir esquecê-las quando forem muitas e é preciso ter a paciência para esperar até seu retorno. Pois não são, ainda, as memórias propriamente ditas. Não até que tenham se transformado no sangue dentro de nós, no olhar fugaz e no gesto, sem nome e já incapazes de serem distinguidas de nós mesmos – somente então é possível que, no momento mais raro, a primeira palavra do verso brote em seu centro e então se libere.[115]

A descrição feita pelo poeta dos pré-requisitos experimentais e emocionais para o surgimento de um verso revela, de modo assombroso, o escopo e a profundidade épicos do verdadeiro imaginário artístico. Quem já leu a descrição de Rilke não consegue pensar na arte como uma mera invenção estética ou formal.

As imagens de arquitetura também têm um escopo épico, pois são imagens da vida que se teve e da vida por vir. Casas profundas, como as obras-primas de arquitetura residencial de ontem e hoje, oferecem imagens benevolentes de vida doméstica, de ter origens e de bem-estar. São convites para uma vida digna. Até mesmo casas desertas projetam histórias de uma vida verdadeira, com mensagens de satisfação e sofrimento, segurança e medo, afeição e abandono. Por meio de seu imaginário de instituição cultural, os edifícios de museus projetam imagens de herança cultural e continuidade; edifícios de teatro e ópera sugerem mundos imaginários de fantasia e encontros sociais festivos; já igrejas concretizam as dimensões metafísicas da vida e o mundo consolador da fé. Cidades inteiras são metáforas vividas que organizam e orientam uma miríade de atividades da vida cotidiana, direcionam nossos pensamentos e emoções e permitem que saibamos quem somos.

As imagens poéticas como mundos

Imagens artísticas profundas não são figuras singulares, fotografias instantâneas, vistas limitadas, aspectos ou detalhes; são mundos inteiros. Elas são microcosmos completos, em vez de representações de eventos, figuras ou naturezas-mortas isoladas e enquadradas. Andrei Tarkovsky fez uma declaração a esse respeito sobre a essência da imagem cinematográfica: "Em uma palavra, a imagem não é determinado significado expresso pelo diretor, mas um mundo inteiro refletido como em uma gota d'água".[116]

Em um filme significativo, nenhuma cidade termina na borda do quadro, pois o espaço se espalha de maneira interminável na consciência do observador, assim como acontece com cidades reais. Na verdade, uma cidade literária ou cinematográfica sequer deixa de existir quando o livro ou filme termina, pois a cidade imaginária foi transferida para a mente e a memória do observador e a vida continua dentro de suas paredes imaginadas.

As naturezas-mortas comprimidas de Giorgio Morandi (ilustração, abaixo, à esquerda) não representam apenas alguns

IMAGENS ARTÍSTICAS COMO MUNDOS
Grandes obras de arte criam seu próprio microcosmo ou universo. Não são meras representações de objetos selecionados, ou resoluções para uma tarefa de projeto específica; elas possuem seus próprios campos de gravidade, órbitas e fontes de luz. Representam, simultaneamente, um início e um fim, uma pergunta e a resposta. Imagens artísticas profundas nos fazem ver o mundo com outros olhos e experimentar nossa própria condição com uma intensidade maior.
Giorgio Morandi, *Natureza Morta*, cerca de 1952. Óleo sobre tela. Coleção particular.
A minúscula natureza-morta projeta uma pergunta metafísica em escala monumental.
Mies van der Rohe, Casa para Edith Farnsworth, Plano, Illinois, Estados Unidos, 1946–51.
A casa é um objeto perfeitamente estetizado e completo, uma metáfora do mundo.

objetos tímidos sobre uma mesa, buscando proteção uns com os outros; essas minúsculas pinturas são microcosmos inteiros. Em vez de serem meras figuras, essas pinturas extremamente humildes são propostas metafísicas poderosas e meditações filosóficas sobre a existência e o ser, o silêncio e a solidão. Em vez de retratar este ou aquele objeto do lar, demonstram o próprio enigma da existência. "Como é possível que as coisas existam neste mundo?", essas pinturas simultaneamente minúsculas e monumentais parecem perguntar.

É a plenitude e a totalidade microcósmicas das imagens artísticas que lhes dá autoridade e conteúdo inesgotável. Por meio de nossa capacidade de identificação emotiva, o imaginário obtém a autoridade do real e o real se torna um mistério. Imagens poéticas se ramificam, fundem-se com outras imagens e se transformam nelas. Imagens profundas – até mesmo as mais condensadas e "abstratas" – não são estáveis, uma vez que têm uma vida dinâmica interna. Tudo que está vivo, biológica ou mentalmente, busca a interação e o diálogo com outras coisas.

No final de seu último filme, *Além das Nuvens* (1994), Michelangelo Antonioni, o arquiteto das imagens cinematográficas, expressa essa complexidade e a riqueza enigmática do imaginário artístico pelas palavras do protagonista, um fotógrafo (interpretado por John Malkovich): "Mas sabemos que, por trás de cada imagem revelada, existe outra imagem, mais fiel à realidade, e, por trás daquela imagem, há outra e mais outra por trás desta, e assim sucessivamente, até a verdadeira imagem da realidade misteriosa absoluta que ninguém jamais verá".[117] Tais imagens associativas sucessivas revelam suas realidades experimentais e mentais em camadas, assim como uma múmia do Egito Antigo ou uma boneca russa revela suas imagens sucessivamente ocultas.

Cada vez que revemos um grande filme, relemos um bom romance, observamos repetidamente uma obra-prima da pintura ou revisitamos um clássico da arquitetura, descobrimos coisas novas. A imagem poética nos leva ao momento do primeiro encontro inocente, mas imensamente potente. Uma obra de arquitetura profunda é sempre inovadora e inesperada, não importa quantas vezes a revisitemos, pois ela vive e reflete a própria vida. O frescor atemporal – uma espécie de novidade intocável – é uma característica das maiores imagens artísticas, incluindo as da arquitetura.

Referências

1 Andrei Tarkovsky, *Sculpting in Time – Reflections on the Cinema*, Bodley Head (London), 1986, p. 21.
2 Robert Graves, *The White Goddess*, Farrar, Straus and Giroux (New York), 1948, p. 24.
3 Gaston Bachelard, *The Right to Dream*, Dallas Institute Publications (Dallas, TX), 1988, p. 173.
4 Jorge Luis Borges, prefácio de *Obra Poetica, Selected Poems 1923–1967*, como citado em Sören Thurell, *The Shadow of a Thought: The Janus Concept of Architecture*, School of Architecture, The Royal Institute of Technology (Stockholm), 1989, p. 2.
5 Citado em Arnold H. Modell, *Imagination and the Meaningful Brain*, MIT Press (Cambridge, MA and London, UK), 2006, p. 12.
6 Elaine Scarry, "On Solidity", *Dreaming by the Book*, Princeton University Press (Princeton, NJ), 2001, p. 10–30.
7 Scarry, *Dreaming by the Book*, 2001, p. 30.
8 Bohumil Hrabal, *Too Loud a Solitude*, Harcourt, Inc (San Diego, New York, London), 1990, p. 1.
9 Charles Tomlinson, "The Poet as Painter", em J.M. McClatchy, editor, *Poets on Painters*, University of California Press (Berkeley, Los Angeles, London), 1990, p. 280.
10 Maurice Merleau-Ponty, como citado em Tomlinson, "The Poet as Painter", em McClatchy, *Poets on Painters*, 1990, p. 275.
11 Sobre a abordagem bio-histórica, veja: Jay Appleton, *The Experience of Landscape*, John Wiley & Sons (London), 1996; Edward O Wilson, *Biophilia: The Human Bond with Other Species*, Harvard University Press (Cambridge, MA and London, UK), 1984; Grant Hildebrand, *The Wright Space: Pattern & Meaning in Frank Lloyd Wright's Houses*, University of Washington Press (Seattle), 1991; Grant Hildebrand, *Origins of Architectural Pleasure*, University of California Press (Berkeley, Los Angeles, London), 1999.
12 Semir Zeki, *Inner Vision: An Exploration of Art and the Brain*, Oxford University Press (Oxford), 1999, e John Onians, *Neuroarthistory: From Aristotle and Pliny to Baxandall and Zeki*, Yale University Press (New Haven and London), 2007.
13 Como citado em Eric Shanes, *Constantin Brancusi*, Abbeville Press (New York), 1989, p. 67.
14 Tomlinson, "The Poet as Painter", em McClatchy, *Poets on Painters*, 1990, p. 284.
15 Gaston Bachelard, *The Philosophy of No: A Philosophy of the New Scientific Mind*, Orion Press (New York), 1968, p. 9–10.
16 *Ibid*. p. 16.
17 Gaston Bachelard, *Water and Dreams: An Essay On the Imagination of Matter*, Pegasus Foundation (Dallas, TX), 1999, p. 50.
18 "The Relationship Between Architecture, Painting and Sculpture", entrevista feita por Karl Fleig para *Alvar Aalto, Synopsis*, Birkhäuser Verlag (Basel), 1970. Republicada em *Alvar Aalto in His Own Words*, edited and annotated by Göran Schildt, Otava Publishing Company (Helsinki), 1997, p. 267–8.
19 Bachelard, *Water and Dreams*, 1999, p. VII.
20 *Ibid*. p. 1.
21 *Ibid*. p. 22.
22 Como citado em Mohsen Mostafavi and David Leatherbarrow, *On Weathering*, MIT Press (Cambridge, MA), 1993, p. 76.
23 Le Corbusier, *L'art décoratif d'aujourd'hui*, Editions G. Grès et Cie (Paris), 1925, p. 192.
24 Bachelard, *Water and Dreams*, 1999, p. 22.
25 Maurice Merleau-Ponty, "Cezanne's Doubt", em Maurice Merleau-Ponty, *Sense and Non-Sense*, Northwestern University Press (Evanston, IL), 1964, p. 12.
26 Paul Valéry, "Eupalinos, or the Architect", *Paul Valéry Dialogues*, Pantheon Books (New York), 1956, p. 70.
27 Gaston Bachelard, *The Psychoanalysis of Fire*, Beacon Press (Boston), 1968; and, Bachelard, *Water and Dreams*, 1999, third printing.
28 Gaston Bachelard, *The Flame of a Candle*, Dallas Institute Publications (Dallas, TX), 1988, p. 1.
29 Bachelard, *Water and Dreams*, 1999, p. 5.
30 *Ibid*. p. 15.
31 Joseph Brodsky, *Watermark*, Penguin Books (London), 1992, p. 43 and 134.
32 Adrian Stokes, "Prologue: at Venice", *The Critical Writings of Adrian Stokes*, Vol II, Thames & Hudson (Plymouth), 1978, p. 88.
33 Jacques Aumont, *The Image*, British Film Institute (London), 1997, p. 199.
34 Anton Ehrenzweig, *The Hidden Order of Art*, Paladin (Frogmore, St Albans), 1973, p. 14.
35 Arthur Koestler, *The Act of Creation*, Hutchinson (London), 1964, p. 158.
36 *Ibid*.
37 *Ibid*. p. 180.
38 Merleau-Ponty, *Sense and Non-Sense*, 1964, p. 48.
39 Gaston Bachelard, *The Poetics of Reverie*, Beacon Press (Boston), 1971, p. 6.
40 Maurice Merleau-Ponty, *Phenomenology of Perception*, Routledge and Kegan Paul (London), 1962, p. 235.
41 John Dewey, *Art As Experience*, Perigee Books (New York), 1980.
42 *Ibid*. p. 122–4.
43 Como citado em Bernard Berenson, *Aesthetics and History*, Pantheon Books (New York), 1948, p. 66–70.
44 Oliver Sacks, "The Mind's Eye: What the Blind See", em *Empire of the Senses*, edited by David Howes, Berg Publishers (Oxford), 2005, p. 33.
45 Jacques Lusseyran (1987), como citado por Sacks, p. 36.
46 C. Castoriadis (1997), como citado por Modell, *Imagination and the Meaningful Brain*, 2006, p. 209.
47 Walt Whitman, "Faith Poem", poem 20, *Leaves of Grass*, 1856.
48 Anton Ehrenzweig, *The Hidden Order of Art*, University of California Press (Berkeley and Los Angeles), 1967, p. 129.
49 *Ibid*. p. 132.

50 Catalogue of Brancusi Exhibition, Brummer Gallery, New York, 1926. Como republicado em Eric Shanes, *Constantin Brancusi*. Abbeville Press (New York), 1989, p. 106.
51 Jan Vrijman, "Filmmakers Spacemakers", *The Berlage Papers* 11 (January 1994).
52 Walter Benjamin, "The Work of Art in the Age of Mechanical Reproduction", *Illuminations*, Hannah Arendt, editor, Schocken Books (New York), 1968.
53 Bachelard, *The Flame of a Candle*, 1988, p. 34.
54 Carl G. Jung, "Approaching the Unconscious", *Man and His Symbols*, edited by Carl G Jung et al., Laurel (New York), 1968, p. 87.
55 Jung, *Man and His Symbols*, 1968, p. 57.
56 Sinclair Gauldie, *Architecture*, Oxford University Press (London and New York), 1969, como citado em Juan Pablo Bonta, *Architecture and its Interpretation: A Study of Expressive Systems in Architecture*, Lund Humphries Publishers (London), 1979, p. 31.
57 Gaston Bachelard, *The Poetics of Space*, Beacon Press (Boston), 1969, p. 6.
58 Adrian Stokes, "Smooth and Rough", como citado em Colin St John Wilson, "Alvar Aalto and the State of Modernism" em *Alvar Aalto vs the Modern Movement*, Kirmo Mikkola, editor, Rakennuskirja Oy (Helsinki), 1981, p. 114.
59 Aniela Jaffé, "Symbolism in the Visual Arts", em Jung et al., *Man and His Symbols*, 1968, p. 255–322.
60 O simbolimo quádruplo é discutido em detalhes em: Anna E. Esmeijer, *Divina Quaternitas: A Preliminary Study in the Method and Application of Visual Exegesis*, Van Gorcum (Assen), 1978.
61 Sol LeWitt, "The Cube", *Art in America* (New York), summer 1966.
62 Andrei Tarkovsky, *Sculpting in Time – Reflections on the Cinema*, Bodley Head (London), 1986, p. 212–13.
63 Jaffé, como citado em Jung, *Man and His Symbols*, 1968, p. 268–9.
64 A história da fundação de Roma, bem como outros mitos sobre os rituais de fundação das cidades do Velho Mundo, são apresentadas em Joseph Rykwert, *The Idea of a Town: the Anthropology of Urban Form in Rome, Italy and the Ancient World*, MIT Press (Cambridge, MA), 1988.
65 O complexo simbolismo da tribo Dogon é discutido em um livro fascinante: Marcel Griaule, *Conversations with Ogotemmêli: An Introduction to Dogon Religious Ideas*, Oxford University Press (London), 1965.
66 Scarry, *Dreaming by the Book*, 2001, p. 5.
67 Como citado em Richard Kearney, *The Wake of Imagination*, Routledge (London), 1994, p. 230.
68 Guy Davenport, "Balthus", em McClatchy, *Poets on Painters*, 1990, p. 235.
69 Gaston Bachelard, *The Poetics of Space* (1958), Beacon Press (Boston), 1969, p. XIX.
70 Colin St John Wilson, "Architecture – Public Good and Private Necessity", *RIBA Journal*, March 1979.
71 Jaffé, como citado em Jung, *Man and His Symbols*, 1968, p. 308.
72 Ehrenzweig, *The Hidden Order of Art*, 1967, p. 21–31.
73 *Ibid*. p. 32–46.
74 Alvar Aalto, "Art and Technology", em *Alvar Aalto in His Own Words*, 1997, p. 174.
75 Modell, *Imagination and the Meaningful Brain*, 2006, p. XII. O argumento de Modell se baseia nas opiniões de Mark Johnson e George Lakoff sobre como o significado surge na mente inconsciente.
76 Gaston Bachelard, *On Poetic Imagination and Reverie*, selected, translated and introduced by Colette Gaudin, Spring Publications (Dallas, TX), 1998, p. XXXVII.
77 Como citado em Modell, *Imagination and the Meaningful Brain*, 2006, p. 117.
78 Aristotle, *Poetics*, JM Dent & Sons (London), 1934, p. 45.
79 Iris Murdoch, *The Sovereignty of Good*, Routledge & Kegan Paul (London), 1970, como citado em Modell, p. 26.
80 Como citado em Modell, *Imagination and the Meaningful Brain*, 2006, p. 1.
81 George Lakoff and Mark Johnson, *Metaphors We Live By*, University of Chicago (Chicago), 1980.
82 Modell, *Imagination and the Meaningful Brain*, 2006, p. 32.
83 *Ibid*. p. 27.
84 Bachelard, *The Poetics of Space*, 1969, p. XXX.
85 Nurur Rahman Khan, "The Assembly Building", *The Assembly Building*, Department of Architecture, The University of Asia Pacific (Dhaka), 2001, p. 1.
86 Khaleed Ashraf, como citado em Khan, *The Assembly Building*, 2001, p. 6.
87 Vittorio Gallese, como citado em Modell, *Imagination and the Meaningful Brain*, 2006, p. 121. Vittorio Gallese e Giacomo Rizzolatti descobriram juntos os neurônios-espelho. Seus experimentos mostram que nossos cérebros ressoam com os sentimentos dos outros da mesma maneira que ressoam com as ações intencionais dos outros. Seus estudos sustentam a ideia de que a empatia se origina no corpo e que estes processos são inconscientes. Gallese vai além, explicando o mecanismo neural que nos faz simular inconscientemente as ações que observamos: "Sempre que estamos olhando alguém fazer uma ação, além da ativação de várias áreas visuais, há uma ativação concorrente dos circuitos motores que são recrutados quando nós próprios desempenhamos aquela ação [...] Nosso sistema motor se torna ativo, como se estivéssemos desempenhando exatamente aquela ação que observamos [...] A observação da ação implica a simulação [...] nosso sistema motor começa a simular veladamente as ações do agente observado".
Vittorio Gallese, "The 'Shared Manifold' Hypothesis: from Mirror Neurons to Empathy", *Journal of Consciousness Studies* 8: 2001, p. 33–50. Como citado em Shaun Gallagher and Dan Zahavi, *The Phenomenological Mind*, Routledge (London and New York), 2008, p. 178.
88 Como citado em Modell, *Imagination and the Meaningful Brain*, 2006, p. 183.
89 Richard Kearney, *Poetics of Imagining: From Husserl to Lyotard*, Harper Collins Academic (London), 1991, p. 59.
90 *Ibid*. p. 70.

91 Como citado em Wallace Stevens, "Two Prefaces. Gloire du long désir, Idées", *Paul Valéry Dialogues*, Pantheon Books (New York), 1956, p. XIII.
92 Como citado em Modell, *Imagination and the Meaningful Brain*, 2006, p. 184.
93 Modell, *Imagination and the Meaningful Brain*, 2006, p. 187.
94 *Ibid*. p. 185.
95 John Soane, "Crude Hints towards an History of my House in Lincoln's Inn Fields", em *Visions of Ruin: Architectural Fantasies & Designs for Garden Follies*, The Soane Gallery (London), 1999.
96 Como citado em Robert Hughes, *The Shock of the New: Art and the Century of Change*, Thames & Hudson (London), 1980, p. 225.
97 Andrew Todd and Jean-Guy Lecat, *The Open Circle: Peter Brook's Theatre Environments*, Palgrave MacMillan (New York), 2003, p. 25.
98 Andrew Todd, "Learning From Peter Brook's Work on Theatre Space", manuscrito 25, September 1999, p. 4.
99 Rainer Maria Rilke, *The Notebooks of Malte Laurids Brigge*, WW Norton & Company (New York and London), 1992, p. 47–8.
100 Jean-Paul Sartre, *What is Literature?*, Peter Smith (Gloucester, MA), 1978, p. 30.
101 Tarkovsky, *Sculpting in Time*, 1986, p. 59.
102 Joseph Brodsky, "Homage to Marcus Aurelius", *Campidoglio*, Random House (New York), 1994, p. 31.
103 Gaston Bachelard, *The Right to Dream*, 1988, p. 173.
104 Karsten Harries, "Building and the Terror of Time", *Perspecta, The Yale Architectural Journal*, issue 19, MIT Press (Cambridge, MA), 1982, como citado em David Harvey, *The Condition of Postmodernity*, Blackwell (Cambridge, MA), 1992, p. 206.
105 Milan Kundera, *Slowness*, Harper Collins Publishers (New York), 1996, p. 39.
106 Randall Jarrell, "Against Abstract Expressionism", em *Poets on Painters*, p. 189.
107 Gaston Bachelard, *The Right to Dream*, Dallas Institute Publications (Dallas, TX), 1971, p. 10.
108 Jorge Luis Borges, "The Draped Mirrors", em Jorge Luis Borges, *Dreamtigers*, University of Texas Press (Austin), 2001, p. 27.
109 Bachelard, *Water and Dreams,* Pegasus Foundation (Dallas, TX), 1983, p. 5.
110 Reyner Banham, "A Home Is Not a House", *Art in America* (April 1965), p. 109–18.
111 André Breton, *Nadja,* como citado em Anthony Vidler, *The Architectural Uncanny*, MIT Press (London), 1999, p. 218.
112 Martin Heidegger, "The Origin of the Work of Art", *Basic Writings*, Harper & Row (New York), 1977, p. 163.
113 Rilke, *The Notebooks of Malte Laurids Brigge*, 1992, p. 26.
114 *Ibid*.
115 *Ibid*. p. 26–7.
116 Tarkovsky, *Sculpting in Time*, 1986, p. 110.
117 Michelangelo Antonioni, *Além das Nuvens* (1994). As palavras finais do protagonista na trilha sonora.

4

A Anatomia da Imagem Poética

A pergunta é: por que milagre um escritor consegue nos incitar a gerar imagens mentais cujas características não lembram nossos próprios devaneios, mas nossos próprios atos perceptuais (praticados muito mais livremente)?[1]

Elaine Scarry, *Dreaming by the Book*, 1999

Apesar do que sua etimologia sugere, a imaginação não é a faculdade de formar imagens da realidade; é a faculdade de formar imagens que vão além da realidade, que cantam a realidade. É uma qualidade sobre-humana.[2]

Gaston Bachelard, *Water and Dreams*, 1999

A imagem poética existe simultaneamente em duas realidades: a realidade física da percepção e a esfera "irreal" da imaginação. O poder hipnótico das grandes obras artísticas deriva dessa simultaneidade que provoca um curto-circuito na compreensão racional. As imagens artísticas também possuem uma generalidade e uma especificidade ao mesmo tempo: generalidade em termos de resultar da experiência existencial humana e especificidade no sentido de articular fenômenos experimentais e mentais que são ontologicamente específicos a cada forma de arte.

Em vez de serem mera estetização, as verdadeiras obras de arte representam modos particulares de pensar que são específicos a elas. A imagem artística está vinculada ao tempo por meio da articulação de fenômenos mentais profundos e atemporais e por meio da manipulação de nossa experiência da dimensão temporal.

A existência dual da imagem poética

A imagem mental ou vivida é uma noção central em todas as artes, embora artistas e teóricos raramente a mencionem. Quando é mencionada, a palavra "imagem" normalmente se refere a fenômenos puramente perceptuais ou visuais. Entretanto, a imagem é a entidade experimental, a singularidade perceptual, cognitiva e emocional sintética da obra artística que é percebida, corporificada e lembrada. Ela é, ao mesmo tempo, a identidade da obra, o próprio núcleo de seu impacto e seu significado emocional e existencial. A imagem poética é uma entidade experimental imaginária distinta, com sua identidade, anatomia e essência coesas. Ela redireciona e enfoca a atenção do observador/ouvinte/leitor/usuário e provoca um estado alterado de consciência, que evoca uma dimensão imaginária, um mundo imaginativo.

Como foi apontado no Capítulo 3, "A realidade e a irrealidade da imagem artística", existe um dualismo fundamental na imagem artística propriamente dita. Uma obra de arte existe simultaneamente em duas realidades: a realidade física de sua essência material e dos processos de execução e criação, e na realidade imaginária de sua imagem artística, sugestão e estrutura expressiva. Como consequência, uma obra de arte está simultaneamente aqui e em outro lugar, no mundo físico e em um mundo imaginário. Uma pintura é tinta sobre tela, de um lado, e uma figura imaginária, sugestão, evento ou microcosmo, de outro. De forma similar, uma escultura é um pedaço de pedra, bronze ou madeira, bem como uma imagem plástica. Uma música é, simultaneamente, som com desempenho técnico e um espaço emotivo e mental em seu mundo musical autônomo e completo. Um edifício é uma estrutura com utilidade, matéria e construção, além de uma metáfora espaço-temporal imaginária para um mundo melhor. As obras de arte e arquitetura existem, portanto, nos mundos físico e metafísico, da realidade e da ficção, da construção e da imagem, do uso e do desejo – tudo isso ao mesmo tempo.

Na percepção da imagem poética, a existência material da obra é suprimida à medida que a experiência do mundo imaginário se torna dominante. Conforme experimentamos uma obra de arte, nossa consciência fica suspensa e se alterna entre essas duas realidades, sendo que a tensão entre as duas consciências confere um poder mágico à obra. A "aura" mágica da obra advém dessa dualidade e dessa tensão, bem como da matéria reconhecível e do senso de autoridade que deriva de uma execução magistral.

ENTRE A MATÉRIA E A IMAGEM

Todas as obras de arte estão suspensas entre sua existência material e a imagem imaginária que evocam. O poder hipnótico da obra advém dessa existência dual. Em casos em que a impressão do material e da execução é dominante, a obra parece ser crua e bruta; por outro lado, a obra aparenta ser sentimental e *kitsch* quando a ilusão da imagem não está equilibrada com traços do mundo real, como a materialidade ou a evidência de sua criação.

François Gérard, Psique recebe seu primeiro beijo de amor, *Cupido e Psique*, 1798. Óleo sobre tela, 186 x 132 cm. Museu do Louvre, Paris.

O alto grau de ilusionismo da cena mitológica pintada tende a criar um sentimento de *kitsch*.

Kain Tapper, *Sensação de Natureza II*, 1981. Vidoeiro e pinho, 105 x 80 x 80 cm. Orion Company, Espoo.

A articulação mínima da forma esculpida aparece como uma imagem potente e sugestiva, não como uma gestalt ou significado finito. É uma representação de uma imagem oculta na matéria, remetendo aos escravos de Michelangelo.

Na internalização mental de uma imagem e na identificação com ela, o fato de estarmos lidando com uma obra de arte única e singular ou com uma reprodução em massa não se constitui em uma diferença fundamental. Em suas funções físicas e culturais, as imagens variam naturalmente; uma pintura original de um mestre, por exemplo, reflete faculdades de autenticidade, detalhe e valor que não existem em uma reprodução. Mas, em todo caso, por meio da experiência, a imagem se transforma em uma realidade imaginativa. A reprodução e a presença excessivas de uma imagem tendem a enfraquecer seu efeito e torná-lo banal, embora as características misteriosas das grandes obras de arte sejam exatamente sua capacidade de preservar sua aura e seu encanto.

Por meio da exploração cultural, obras de arte e arquitetura icônicas tendem a se transformar em signos que perderam sua autenticidade e poder de sedução. As pirâmides podem ser experimentadas como meros símbolos do Antigo Egito, e a Casa de Ópera de Jørn Utzon como um símbolo de Sydney e um exemplo de arquitetura singularmente criativa. O turismo e a indústria cultural transformam obras-primas artísticas em conceitos e símbolos históricos.

A mudança da consciência perceptual para a imaginativa determina o caráter e as características da obra. Quando a esfera imaginária domina, a obra parece ser sentimental ou *kitsch*, pois nossa consciência mental passa facilmente demais para a ilusão sugerida (ilustração, página anterior, à esquerda). Vice-versa, quando a realidade da matéria ou da execução domina, a obra tende a se mostrar crua e inarticulada, parecendo incapaz de evocar um mundo imaginário crível (ilustração, página anterior, à direita). Uma obra poderosa sempre mantém uma tensão entre as duas realidades. Uma grande pintura nos mantém plenamente conscientes de que a imagem é um objeto físico e real e, ao mesmo tempo, uma sugestão mental. Em uma apresentação de teatro de qualidade, permanecemos conscientes da realidade da peça, enquanto uma apresentação ruim nos faz perceber, dolorosamente, apenas a realidade de uma atuação ingênua. Uma obra de arquitetura é vista, simultaneamente, como um contexto prático de ação e uma metáfora mental de espaço, estrutura, matéria e luz; o edifício afeta simultaneamente nosso comportamento, imaginação e emoções.

Uma comparação das duas Pietàs de Michelangelo esclarece essa dualidade. A Pietà que Michelangelo fez aos 23 anos é um exemplo virtuoso de representação escultórica feita por um jovem gênio. No entanto, a Pietá de Rondanini (1552–64), no Castello Sforzesco, em Milão – a última obra na qual Michelangelo trabalhou, seis dias antes de sua morte em 1564 –, se mostra crua e inacabada. Se fizermos uma comparação mais profunda, porém, o mármore da primeira obra parece se transformar facilmente em carne, enquanto a última obra é, de modo dramático e trágico, uma obra de pedra (o escultor usou uma escultura inacabada como material para a obra e existe um braço humano extra, perto das duas figuras, que ele não eliminou) e, ao mesmo tempo, uma imagem bíblica tosca, mas esculpida de maneira afetuosa. A primeira obra provoca admiração e respeito, enquanto o ambiente trágico e profundo da Pietá de Rondanini traz lágrimas aos olhos.

O artista precisa manter seu papel de criador da realidade imaginária separado do papel do observador/leitor. No conto *O Duelo*, Jorge Luis Borges narra a chocante história de dois gaúchos argentinos que se odiaram a vida inteira. Os dois homens são feitos prisioneiros em uma guerra civil e obrigados a disputar uma corrida com as gargantas cortadas. Borges explica que o escritor precisa sempre estar "controlando as coisas". "A realidade nem sempre é provável ou plausível. Mas, para escrever uma história, é necessário torná-la o mais plausível possível, senão a imaginação do leitor irá rejeitá-la", confessou ele.[3] "Para torná-la [a história] horripilante, deixei o horror na imaginação do leitor. Eu não poderia simplesmente dizer: 'aconteceu uma coisa terrível' ou 'esta história é muito nojenta', pois pareceria um tolo. Isso cabe aos leitores, não aos escritores. Do contrário, a coisa toda desmorona".[4]

A ARQUITETURA SENSUALMENTE TECTÔNICA

Para evocar um ambiente poético, a arquitetura não precisa buscar um imaginário espetacular ou fantástico. A linguagem natural da arquitetura resulta da maneira como ela é construída e montada. As estruturas de arquitetura são extensões da natureza e esperamos que propiciem uma sensação calmante de causalidade e previsibilidade. A arte da arquitetura poetiza a construção ao transformar a inevitabilidade em uma expressão metafórica. "Existe algo mais misterioso que a claridade?", como perguntou Paul Valéry em seu diálogo "Eupalinos ou o Arquiteto".

Renzo Piano, Museu da Fundação Beyeler, Basileia, Suíça, 1997.
Os espaços do museu de Piano criam condições ideais para contemplar obras de arte, sem transformar o edifício em uma figura de primeiro plano. Um grande museu aprimora as obras de arte, em vez de se apresentar como uma obra singular.

Glenn Murcutt, Casa Marika-Alderton, Comunidade Yirrkala, Eastern Arnheim Land, Northern Territory, Austrália, 1991–4. Casa construída para um cliente aborígene.
O projeto de Murcutt é uma fusão do ambiente vernacular australiano com uma construção contemporânea extremamente racional. A casa faz uma mediação entre o passado, o presente e o futuro, projetando um senso de otimismo e cortesia.

Um artista magistral faz com que o observador/leitor experimente, veja e pense outras coisas além daquilo a que está sendo realmente exposto. As linhas das pinturas diagonais de Piet Mondrian (por exemplo, *Composição em Losango com Quatro Linhas e Cinza*, 1926, Museu de Arte Moderna, Nova York), que se encontram fora dos limites da tela, nos fazem perceber o espaço fora da pintura. Na penúltima cena de *Profissão: Repórter* (1974), de Antonioni, o protagonista (interpretado por Jack Nicholson) é assassinado em nossas costas enquanto assistimos a incidentes arbitrários e insignificantes da vida cotidiana por uma janela com vista para um pátio interno. Fritz Lang falou a respeito do conteúdo invisível de seu filme *M, o Vampiro de Dusseldorf* (1931): "Não há violência no filme *M, o Vampiro de Dusseldorf*, ou, quando há, ela acontece nos bastidores, por assim dizer. Vejamos um exemplo. Lembrem-se da sequência em que uma menininha é assassinada. Vocês veem apenas uma bola rodando e parando em seguida. Então, um balão levanta voo e fica preso em fios telefônicos (...). A violência está na mente de vocês".[5]

Na arquitetura, da mesma forma, os motivos artísticos não devem ser excessivos nem extremamente dramatizados, porque nossa "imaginação os rejeitará", como Borges aconselha aos escritores. As estratégias de retração e moderação têm um valor extra na arquitetura. Caso aspire a um impacto mental permanente, uma obra de arquitetura precisa envolver nossa imaginação pessoal e ativa; até mesmo uma narrativa de arquitetura deve ficar incompleta e aberta para que possa ser completada e incorporada pela imaginação do observador/usuário. É por isso que as obras de arquitetura controladas de Renzo Piano e Glenn Murcutt se tornaram grandiosas: esses edifícios são compreendidos, de modo claro e convincente, como estruturas conceituais, funcionais e tectônicas, apesar de evitarem exageros e loquacidade e de estimularem gentilmente nossa imaginação corporificada, tátil e sensual. São estruturas tectônicas extremamente racionais que projetam imagens poéticas de gravidade e horizonte, artifício e natureza, uso e espaço, tradição e inovação, materialidade e luz.

A diferença ontológica

A arte tem origem no surgimento da consciência humana da individualidade e em seu encontro com o mundo. Até mesmo a mais antiga das expressões artísticas nos orienta para a separação e refusão simultâneas da experiência. "Como o pintor ou poeta poderia expressar algo além de seu encontro com o mundo?", perguntou Merleau-Ponty.[6] Essa observação parece se aplicar tanto ao artista da Idade da Pedra como ao artista contemporâneo. O comentário do filósofo também pode ser aplicado à arte da arquitetura, pois até mesmo os edifícios elaboram essencialmente esse encontro existencial fundamental. Como consequência dessa tarefa mental, o motivo básico da arte, atualmente, é exatamente o mesmo de 30 mil anos atrás. Esse motivo atemporal é o enigma da existência.

Normalmente, entende-se que a arquitetura tem origem no ato da ocupação e da habitação. Em minha opinião, porém, a arquitetura tem uma origem dual; ela surge simultaneamente dos atos da habitação e da glorificação. "A arquitetura imortaliza e glorifica algo. Assim, não pode existir arquitetura onde não há nada para glorificar", argumenta Ludwig Wittgenstein.[7] Desde seu início, a arquitetura tem estruturado o espaço físico ilimitado em lugares distintos e conferido ao espaço uma medida e um significado humanos. Além da habitação e da proteção em um espaço físico sem significado e hostil, a arquitetura nos proporciona um domicílio no espaço cósmico e mental. "Uma casa é um instrumento com o qual se confronta o cosmos", sugeriu Gaston Bachelard.[8]

O espaço arquitetônico não é apenas visto e observado: é entrado, confrontado, encontrado, ocupado e utilizado para fins específicos. O fato de a utilidade ser uma condição constituinte da arquitetura não significa, porém, que sua essência mental e expressiva resulte diretamente das precondições ou características funcionais e técnicas. O equívoco do pensamento racionalista moderno, de J. N. Durand à arquitetura *high-tech* rotineira da atualidade, é acreditar que a razão tecnológica pode transcender os significados arquitetônicos. Inevitavelmente, as dimensões metafísicas e existenciais da arquitetura possuem suas próprias ontologias e origens. A arquitetura articula, metamorfoseia e estetiza a diversidade de parâmetros racionais, físicos, técnicos, utilitários, sociais e econômicos, mas seu conteúdo artístico está na distância e na tensão entre essas características racionais e o imaginário arquitetônico autônomo, não na fusão redutiva.

O redutivismo oposto é exemplificado na posição de Richard Serra, um dos maiores escultores de todos os tempos. Ele se opõe com agressividade à aspiração de fundir arquitetura e arte: "Gostaria que os arquitetos pudessem aceitar o fato de que são arquitetos e que são úteis como arquitetos e, portanto, parassem de flertar com a noção de serem artistas e arquitetos [...]. Eu esperava que os arquitetos [...] viessem a entender que têm, basicamente, uma profissão, não uma missão artística".[9]

Tadao Ando ressalta a distância e a tensão necessárias entre a utilidade e o mundo das ideias poéticas na arte da arquitetura: "Depois de garantir a base funcional de um edifício, tento descobrir até que ponto ele pode ser desvinculado da função. A arquitetura se encontra na distância entre ela e a função", escreveu ele.[10] Devido a

ARQUITETURA COMO ESCULTURA, ESCULTURA COMO ARQUITETURA
Nas últimas décadas, tem havido uma tendência a considerar a arquitetura como uma escultura em grande escala. Ao mesmo tempo, a arte da escultura tem chegado às escalas e contextos arquitetônicos. Certamente, as duas formas de arte espaciais e materiais podem inspirar e iluminar uma à outra, mas possuem bases fundamentalmente diferentes na experiência humana. A arquitetura sempre implica habitação humana, o que confere à arte de construir uma conexão ontologicamente diferente com a vida mental humana.
Tadao Ando, Casa Kidosaki, Setagaya-ku, Tóquio, 1982–6.
Richard Serra, vista de instalação da exposição Richard Serra Sculpture: Forty Years, Museu de Arte Moderna, Nova York, 3 de junho de 2007.

essa distância ou divisão conceitual interna, a arquitetura também pode ser uma expressão artística, contrariando o argumento de Serra. Na realidade, em sua abstração condensada, as obras de Ando se aproximam da esfera da arte minimalista, como as esculturas de Richard Serra ou as obras de luz efêmeras de James Turrell; na verdade, Ando já colaborou com os dois artistas.

Como a arte, a arquitetura aspira a expressar a condição humana, a experiência de nossa existência no mundo. Esse é o conteúdo tautológico das obras de arte, independentemente do período e do gênero. Consequentemente, o objetivo artístico da arquitetura está fora da forma de arte em si na experiência e na compreensão existenciais humanas. Uma arquitetura significativa fortalece nossa consciência da realidade, ou melhor, do enigma da realidade, e a condição humana. Uma experiência de arquitetura tocante é sempre uma experiência de fascínio. Em relação a essa opinião, parece equivocada a aspiração de considerar a arquitetura como uma jornada de fantasia formal, ou como a criação de narrativas arquitetônicas fictícias.

O poeta Randall Jarrell enfatiza a estratégia de distanciamento na arte da pintura, mencionada antes por Ando em relação à arquitetura:

> Coisas solenes são pintadas de maneira jovial: coisas extremamente expressivas – o Flagelo, por exemplo – são pintadas de maneira inexpressiva; [Ambroise] Vollard é pintado como uma maçã, e uma maçã, como o Pecado Original; a fêmea se torna macho ou fica desprovida de gênero (como na *Noite*, de Michelangelo), e a feminilidade sonhadora e submissa é forçada a transfigurar um corpo inequivocamente masculino (como em muitas das jovens desnudas no teto da Capela Sistina). Entre o objeto e sua representação, existe uma distância imensa: nessa distância, vive boa parte da pintura.[11]

A distância entre as realidades de criar a obra e experimentá-la é exemplificada pelo conflito inesperado entre os modelos de Caravaggio e os temas representados. Sabe-se que ele usou indigentes de sua cidade natal como modelos para São José e outras figuras em suas telas; na época, havia rumores de que sua modelo para Nossa Senhora foi uma prostituta afogada cujo corpo fora retirado do Rio Tibre.[12]

Da mesma forma, gostaria de acrescentar que existe uma distância imensa entre os ingredientes factuais, físicos, técnicos e funcionais de uma obra de arquitetura e sua representação artística – e que a forma de arte da arquitetura ocorre dentro dessa lacuna ou distância. Esses fenômenos acontecem em dois mundos separados: as realidades materiais e técnicas se passam no mundo das realidades físicas e humanas, enquanto as "realidades" poéticas

ARQUITETURA E ARTE

Desde suas origens, a arquitetura e a arte interagem uma com a outra. Além disso, o desenvolvimento da arquitetura moderna foi paralelo ao surgimento da arte moderna. Durante as décadas de predomínio do Estilo Internacional, a arte era quase sempre considerada apenas como enriquecimento e embelezamento de objetos em um contexto de arquitetura. Uma atitude igualmente equivocada é rejeitar a diferença crucial das formas de arte. Os espaços arquitetônicos de Luis Barragán se aproximam de espaços pictóricos imaginários, porém, são sempre espaços de ocupação e atividade humanas, em vez de espaços de mera contemplação estética.

Luis Barragán, Casa de Francisco Gilardi, Cidade do México, 1975–7. Colaborador: Alberto Chauvet.

Este espaço de arquitetura é um canto da sala de jantar da casa; reflexos, luz e cor transformam o espaço em uma abstração pictórica imaterial.

Robert Irwin, 1234, 1992. Três paredes de tergal voile (tecido leve), laqueado acrílico violeta, verde e preto. De frente para trás, 4,27 m x 11,58 m, cada, três paredes 3,05 m x 7,92 m, cada, cinco molduras.

Em função de sua escala e espacialidade inerente, as obras de Irwin normalmente projetam fortes conotações arquitetônicas.

emergem em uma esfera imaginária e mental. Na verdade, o arquiteto não deve ser ingênuo ou sentimental em relação à utilidade ou racionalidade de sua obra, assim como seus edifícios não devem ser levados ao pé da letra mais do que qualquer outra obra de arte. Além disso, a expressão arquitetônica – como qualquer expressão artística – sempre tem outro enfoque duplo; ela ocorre dentro do discurso interno e da história da própria disciplina, embora também tenha uma expressão individual e existencial autônoma. A arquitetura gira em torno da arquitetura e do mundo existencial e vivido, ao mesmo tempo.

A arquitetura emoldura, estrutura, reorienta, confere escala, reenfoca e desacelera nossa experiência do mundo, transformando-a em um ingrediente do senso corporificado de nosso próprio ser; sempre tem uma função mediadora, em vez de ser o fim em si. Apesar de suas características inerentes de arquitetura abstrata, as esculturas do tamanho de cômodos de Serra, os espaços de luz de James Turrell e as estruturas espaciais de Robert Irwin pertencem, inevitável e irreversivelmente, à esfera do imaginário artístico, enquanto os espaços similarmente abstratos e pintados de Luis Barragán são, igualmente, uma arquitetura convincentemente profunda. Essa opinião não deve ser considerada como um argumento de diferença de qualidade, mas apenas da diferença fundamental na origem ontológica e na intencionalidade de formas de arte diferentes.

A importância das origens

Em seu livro *ABC of Reading*, Ezra Pound enfatiza a importância das origens nas artes: "(...) A música começa a atrofiar quando se distancia muito da dança [...], a poesia começa a atrofiar quando se afasta muito da música (...)".[13] Da mesma forma, em minha opinião, a arquitetura se transforma em mera estética visual quando se distancia dos motivos que a originaram – domesticar o espaço e o tempo para ocupação humana e a representação metafórica do ato da construção. É nesse ponto que a virtuosidade computadorizada e formalista atual parece sair do caminho da arquitetura. A arquitetura não pode ser uma fabricação pura e autonomamente artística de espaço e forma, pois sua finalidade é estruturar, articular e expressar a existência e a vida humanas reais. Ao longo do tempo, a arquitetura enraizou-se na realidade vivida de diferentes modos. Nos períodos de convenções vernaculares ou estilísticas predominantes, esse processo de arraigamento ocorreu em nível inconsciente e coletivo, ao passo que, na modernidade, os motivos fundamentais são mais individuais e, talvez, mais conscientes. O significado da arquitetura advém inconscientemente de baixo, de seu uso e tarefa existencial, e não pode ser projetado por uma operação puramente conceitual ou metódica pelo projetista ou até mesmo pelo computador. A arte da arquitetura não é uma questão de invenção, mas de interpretação; claro que contém novidades e inovações tecnológicas e sintáticas, mas sua essência mental não pode ser uma invenção, uma vez que está arraigada nas realidades da vida. Quando o enigma da existência se perde, a arquitetura se torna uma fabricação e uma construção sem sentido, e, na melhor das hipóteses, uma demonstração de virtuosismo técnico e visual.

Ao expressar uma opinião crítica sobre a arquitetura atual, é necessário especificar se estamos falando da construção normal e, muitas vezes, relativamente anônima em vários países, ou da arquitetura formalista que chama a atenção da mídia internacional. A primeira categoria frequentemente é realista e associada a uma tradição, mas não produz imagens espetaculares e novas o suficiente para ser celebrada pela mídia.

Toda forma de arte precisa ser reconectada à sua essência originária. Esse requisito é particularmente importante em períodos em que a forma de arte em questão tende a se transformar em um maneirismo estético vazio. Tal argumento não é uma expressão de conservadorismo na arquitetura, mas de senso comum, bem como um reconhecimento respeitoso do *continuum* da cultura e da vida humanas. Como afirmou T. S. Eliot: "Nenhum poeta, nenhum artista de qualquer arte, tem um significado completo sozinho. Sua importância, sua apreciação é a apreciação de sua relação com poetas e artistas mortos. Não é possível atribuir-lhe valor isoladamente; é preciso contextualizá-lo, para fins de contraste e comparação, entre os mortos".[14] O juiz final de uma obra de arte é o processo contínuo de tradição, não os contemporâneos ou, muito menos, o próprio autor.

A maior contribuição de Louis Kahn foi sua redescoberta da essência ontológica de vários aspectos da arquitetura; o que o edifício deseja ser e quais são as tradições atemporais dessa forma de arte, em vez daquilo que o autor momentâneo – sem falar no computador – pode querer. Sua obra emana um poder emotivo arcaico em comparação com a arquitetura contemporânea do Estilo Internacional, que é simplesmente um produto de racionalidade, técnica e de um cânone estilístico estetizado e redutivo.

Kahn falou sobre a importância dos princípios:

> O espírito do princípio é o momento mais maravilhoso para qualquer coisa, a qualquer hora. Porque no princípio está a semente de todas as coisas que se seguirão. Uma coisa é incapaz de começar a menos que consiga conter tudo o que pode vir dali. Esta é a característica do princípio; do contrário, não é um princípio – é um princípio falso.[15]

A arquitetura de Kahn projeta imaginários eloquentes que abrem novos potenciais para a expressão, independentemente de seu uso da geometria eterna e do frequente caráter estilisticamente não polido de suas obras. Paradoxalmente, ele deu um novo princípio à arquitetura ao retornar às suas próprias origens no Egito, na Grécia e em Roma.

Obras de arquitetura que ecoam os tremores de origens – como as obras de Sigurd Lewerentz, Luis Barragán, Louis Kahn, Aldo van Eyck, Sverre Fehn, Álvaro Siza e Peter Zumthor, por exemplo, projetam uma presença autoritária e um sentimento profundo. Tais obras não são, necessariamente, sempre refinadas ou elegantes em termos estéticos, pois apresentam um poder emotivo profundo e perturbador.

Hoje, os edifícios de Steven Holl propositalmente incluem conflitos, perturbações e tensões a fim de dar um sopro de vida à arquitetura excessivamente estilizada de nossa época. Ele busca ver a arquitetura em seu ponto de origem, como um potencial, não como algo outorgado ou com um preconceito estético e formal. Seu Centro Knut Hamsum, em Hamarøy (1999–2010), além do Círculo Polar, no norte da Noruega, exemplifica uma abordagem de arquitetura que advém do terreno e das características específicas da tarefa, não de uma linguagem arquitônica preconcebida (ilustração, próxima página, à esquerda).

A torre cor de chumbo torcida se eleva acima da fabulosa paisagem natural e do cenário de um vilarejo norueguês comum, como uma figura enigmática que estimula a identificação e a interpretação. O centro se torna um retrato de arquitetura do controverso gigante literário norueguês, que destruiu sua própria estima cultural no final de sua vida devido à simpatia pelo nazismo. A arquitetura de Holl também adapta cenas das obras literárias do escritor como episódios no conjunto arquitetônico. Ao mesmo tempo, o edifício é uma câmara escura para visualizar a paisagem extraordinária e focar aspectos distintos do contexto, que também aparecem nas obras literárias de Hamsun.

A metáfora viva

Sugeri, anteriormente, que as imagens artísticas e arquitetônicas são representações metafóricas do mundo e da condição humana. As imagens da arte são externas a nós, enquanto as imagens da arquitetura estão integradas com nossa própria vida e senso de identidade; existimos e compreendemos nossa existência por meio da arquitetura, ou do mundo artificial, em um sentido mais amplo. Mais uma vez, isso não é um argumento de uma diferença de qualidade, mas de essência. A presença irrefutável e constante da arquitetura é, ao mesmo tempo, seu ponto fraco e seu ponto forte. É um ponto fraco no sentido de tendermos a ficar cegos com relação às características e qualidades

A IMAGEM DE ARQUITETURA INOVADORA
Uma imagem de arquitetura profunda e imprevista não é uma invenção formal, pois advém das características singulares do contexto e da tarefa, bem como da profunda investigação do autor acerca da essência da arquitetura. Uma arquitetura inovadora está mais próxima de escavação e exploração do que de uma invenção. A linguagem de arquitetura não surge da mera invenção formal, mas vem de baixo, de entender mais uma vez a essência humana da arquitetura. Um verdadeiro *insight* de arquitetura sempre inclui o antigo e o novo, o primitivo e o refinado.
Steven Holl, Centro Knut Hamsun, Hamarøy, Noruega (1999–2010).
O edifício incorpora episódios das obras do escritor em sua linguagem de arquitetura e se torna um retrato construído do tema.
Peter Zumthor, Capela Bruder Klaus, Mechernich, Alemanha, 2007. Maquete do piso de chumbo e água.
O interior dá a impressão de uma caverna mitológica que é um campo de batalha entre a escuridão e a luz. A superfície de concreto moldado *in loco* reflete sua fôrma de madeira, que foi queimada.

de nossos contextos e edifícios; em vez de serem declarações artísticas independentes de primeiro plano, normalmente têm um impacto silencioso, embora permanente, como estruturas de nossa pré-compreensão inconsciente. Como consequência, temos a tendência de perceber a arquitetura apenas quando ela falha, não quando realiza sua tarefa da forma esperada.

Bachelard critica a ideia heideggeriana da ansiedade humana original resultante de termos sido lançados no mundo, com base no fato de que, em vez de sermos lançados em um mundo desestruturado e desprovido de significado, sempre nascemos em um mundo pré-estruturado arquitetonicamente. "A casa é um grande berço", afirma Bachelard, sugerindo que os humanos nascem nesse berço de arquitetura.[16] Como uma pintura ou um poema, uma obra de arte pode ser poderosa e comovente em termos emocionais, sendo capaz de redirecionar nossa personalidade por inteiro; contudo, não forma um berço silencioso para nossa existência e atividades cotidianas, diferentemente da arquitetura.

Louis Kahn atribui uma tarefa abrangente à arquitetura: "O mundo da arquitetura é o mundo no qual estão todas as outras coisas. No mundo da arquitetura, existe escultura, existe pintura, existe física, existe música – tudo está dentro dele".[17] Não sugiro que a arquitetura seja a "mãe das artes", como já foi dito; simplesmente desejo reenfatizar a diferença ontológica fundamental entre a arquitetura e as obras de arte, além da constituição mental específica da arquitetura, assim como seu impacto unicamente arraigado na vida humana e na cultura.

Uma experiência arquitetônica profunda pode ter um impacto transformador. Enquanto visitava a Casa Curutchet (1949), na Argentina, projetada por Le Corbusier, a espacialidade forçada do edifício recalibrou todo o meu senso de orientação: abaixo e acima, esquerda e direita, perto e longe (ilustração, próxima página, à esquerda). Até mesmo na Finlândia, do outro lado do planeta, senti que estava experimentando o mundo por meio desse extraordinário instrumento de arquitetura que fica na periferia de um parque na cidade de La Plata, agora internalizado como lembranças sensoriais e corporificadas no meu corpo. Tal experiência pessoal ressalta o inesperado impacto corporal e mental de uma metáfora de arquitetura.

As obras de arte e de arquitetura são metáforas existenciais nas quais um mundo inteiro se reflete. Edifícios icônicos, como a Casa Malaparte (1938–40), em Capri, a Casa Melnikov (1927–9), em Moscou, e a Casa de Vidro (1929), de Pierre Chareau, em Paris, são microcosmos metafóricos condensados, metáforas habitadas e vivas, universos autossuficientes fechados pelas paredes dessas estruturas.

Capítulo 4   A Anatomia da Imagem Poética   **105**

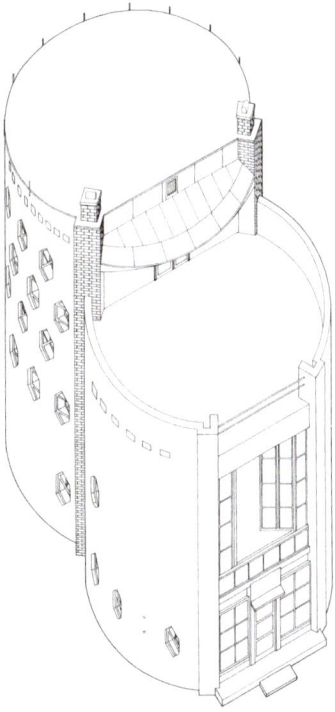

A Casa Malaparte e a Casa Melnikov exalam um ar metafísico. A Casa Malaparte está autoritariamente posicionada sobre uma formação rochosa quase vertical na ilha de Capri, conferindo ao terreno rochoso e ao horizonte aberto do Mediterrâneo um significado experimental e metafísico intensificado. Desprovido de quaisquer corrimãos para proteção, o terraço na cobertura se transforma em um platô abstrato, um lugar sem peso, um palco e um altar para sacrifícios, suspenso entre o céu e a terra. A escada afunilada que conduz ao terraço na cobertura aponta para o céu, como a escada de Jacó.

Composta por dois cilindros interseccionados (círculos em planta baixa), a Casa Melnikov tem a imagem dos halos justapostos de dois santos em uma pintura de ícone russa (ilustração, acima, à direita). A fenestração, com janelas hexagonais verticalmente alongadas, transforma a casa em um instrumento astronômico, além de um dispositivo espetacular de iluminação ritualizada. No meio das cama-

METÁFORAS E ÍCONES DE ARQUITETURA
Exemplos profundos de arquitetura são metáforas condensadas do mundo e da existência humana. Orientam e condicionam percepções e experiências, estruturando o pensamento humano até mesmo como imagens ausentes, porém memorizadas.
Os edifícios icônicos são representações únicas e exaustivas de determinado gênero ou tipo. Um edifício icônico exala um senso de autoridade, perfeição e finalidade; abre e fecha uma visão simultaneamente.
Le Corbusier, Casa Curutchet, La Plata, Argentina, 1948–9.
A casa é uma vigorosa configuração arquitetônica e espacial, experimentada de uma maneira excepcionalmente corporificada.
Konstantin Melnikov, Casa Melnikov, Moscou, Rússia, 1927–9. Axonométrica.
A casa é um ícone de arquitetura que exala significados e enigmas misteriosos.

das históricas do centro de Moscou, e dentro da banalidade da vida soviética e russa, essa casa parece um objeto extraterreste, uma nave espacial de um planeta desconhecido. Tal aura cósmica e assombrosa deve ter protegido a casa como residência particular da família do arquiteto durante as décadas de governo comunista, enquanto as demais propriedades privadas foram transformadas em propriedade coletiva.

A Casa de Vidro é uma casa radicalmente moderna, bem como uma densa metáfora da cultura, produção industrial e vida metropolitana. É um dispositivo tecnológico e funcional concebido de modo meticuloso, que exala um ar mecanicista, mas poético. É um fetiche de tecnologia, além de uma grande virada nos elementos arquitetônicos mecânicos e móveis – uma casa como recurso obsessivo e uma "Máquina de Solteiros". A casa exemplifica a capacidade e o desejo da arquitetura profunda de transcender seus pré-requisitos utilitários e técnicos, transformando-se em uma representação metafórica do mundo metafísico, o mundo além das preocupações cotidianas e da consciência.

Pensando por meio da arte

As ideias articuladas pela arte são propostas corporificadas pictóricas, esculturais, musicais, teatrais, cinematográficas e arquitetônicas, concebidas e expressadas pelo meio inerente e pela lógica artística da forma de arte específica, em um processo dialético com história e tradições próprias. As ideias artísticas surgem da compreensão e do desejo existenciais; não são idealizáveis ou traduzíveis em interpretações ou explicações verbais. São metáforas existenciais corporificadas.

Toda arquitetura significativa é resultado de um pensamento sério, ou melhor, de um modo distinto de pensar por meio da arquitetura. Assim como um filme é um modo de pensamento cinematográfico e uma pintura é um meio de articular ideias pictóricas, a arquitetura implica filosofar por intermédio dos meios materiais específicos da construção, conforme obtidos e destilados pelos atos da moradia e da ocupação. A língua materna da arquitetura advém de sua materialidade tectônica, assim como da maneira em que a estrutura física assume sua forma e detalhes particulares sob as causalidades da gravidade, clima, construção e uso. Essas considerações também são importantes para a educação em arquitetura, pois sua tarefa principal é promover um raciocínio arquitetônico genuíno, em vez de uma racionalização ou estetização intelectual geral, ou uma mera aplicação de preferências estilísticas.

A arte e a arquitetura não demonstram nem imitam ideias de filosofia; são modos de pensamento corporificado e existencial por si só. Segundo Constantin Brancusi: "A arte gera ideias, não as representa – o que significa que uma verdadeira obra de arte surge intuitivamente, sem motivos pré-concebidos, porque é *o* motivo e não é possível explicá-la *a priori*".[18]

Em minhas próprias colaborações com pintores, escultores e artesãos, ao longo de cinco décadas, aprendi imensamente com sua capacidade de pensar por meio das mãos, olhos, pele e corpo. Os artistas e os artesãos pensam por meio do conhecimento existencial acumulado na sabedoria silenciosa do corpo e nas tradições da própria forma de arte/trabalho artesanal. A arquitetura é, filosoficamente, uma disciplina complexa, conflitante e "impura", e, como consequência, pede uma abordagem que combine pesquisa e inovação, tentativa e erro, pensamento e intuição, racionalidade e emoção, cognição e corporificação, identificação e projeção, visão e previsão.

Diversos estudos filosóficos provocadores recentes sobre a natureza corporificada do pensamento nos obrigam a reconsiderar a divisão entre corpo e mente e a essência da inteligência e do próprio pensamento.[19] A arquitetura e a arte funcionam dentro dessa distância entre uma sabedoria pré-reflexiva e corporificada, o conhecimento existencial e a compreensão cerebral.

O filósofo norte-americano Richard Rorty fez a declaração máxima sobre a importância do corpo para a própria essência da existência humana: "Se o corpo fosse mais fácil de entender, ninguém jamais pensaria que temos uma mente".[20] Além da corporificação, o ato físico da criação é uma parte inseparável do processo criativo. O poeta Joseph Brodsky fala sobre o papel do trabalho artesanal na poesia:

> Nenhum artesão ou criador honesto sabe, no processo do trabalho, se está fazendo ou criando [...]. Para ele, a primeira, a segunda e a última realidade são a própria obra, o próprio processo do trabalho. O processo tem precedência em relação ao resultado, ao menos porque o último é impossível sem o primeiro [...]. Na realidade (na arte e, acredito, na ciência), a experiência e a especialização que a acompanha são os piores inimigos do criador.[21]

Parece, em minha opinião, que o poeta exagerou um pouco a importância do processo, pois o resultado, a obra final, também deve ser um motivo e uma intenção fundamentais. No entanto, Georges Braque também valorizou a origem da pintura: "Comigo, a origem de uma obra sempre tem precedência em relação aos resultados previstos".[22]

Essa é outra perspectiva essencial para o ensino de arte e arquitetura; em vez de serem preconceitos ou fabricações intelectuais, as imagens artísticas surgem do senso de existência do criador e do próprio ato da criação e são articulados por eles.

A historicidade da mente e do tempo poético

Com frequência – e particularmente na atualidade –, a arte e a arquitetura são vistas unicamente como uma busca pela novidade e pelo imprevisto. Tal ênfase preconceituosa na novidade tem distorcido a compreensão da essência do esforço artístico. Referindo-se à ideia da lógica romântica da transgressão, de Friedrich Hölderlin, que está sempre em busca de algo novo para evitar se entediar com o antigo, o filósofo norueguês Lars Svendsen argumenta que, "como o novo é buscado somente por causa da novidade, tudo se torna idêntico, porque não tem outras propriedades além da novidade".[23] Contudo, a arte está, a meu ver, fundamentalmente envolvida na aspiração oposta; ela busca reanimar, remitificar, reencantar, ressensualizar e reeroticizar nossa relação com o mundo, além de resgatar momentaneamente o modo originário de consciência indiferente e oceânica da nossa primeira infância. Essa "regressão" mental da consciência é igualmente essencial na arquitetura. A arte busca um mundo perdido, não um território não conquistado, ou talvez devamos pensar que os dois objetivos estão unidos como a imagem de Uróboro, a cobra primordial e mítica que engole seu próprio rabo.

Todavia, ao revitalizar aquilo que já existe em nossos mundos mentais, a arte precisa usar meios de magia mental e poética. Pesquisas neurológicas recentes prometem aprofundar nossa compreensão das origens do prazer estético e a importância evolucionária da beleza. "Admito que a mente inconsciente não pode ser mais do que um processo neurológico, mas que o significado está, de uma forma desconhecida, potencialmente presente como uma propriedade latente", sugeriu Arnold H. Modell.[24] Ele utiliza a noção intrigante de "biologia do significado" e, ao mesmo tempo, afirma que "um problema crucial para a neurociência é explicar como a matéria se transforma em imaginação".[25] Anteriormente, sugeri que nossos padrões e comportamentos perceptuais e neurais determinados provavelmente têm motivações biológicas.

Em minha opinião, não há dúvida de que nossas percepções, reações e emoções mais significativas em termos existenciais tendem a estar associadas com o nosso caminho biológico evolucionário como uma espécie no mundo vivo. Ver o prazer estético ou as preocupações metafísicas como um desenvolvimento antievolucionário, como meras invenções e modismos sensoriais momentâneos, não parece plausível. No mundo animal, a ciência e a consciência são compreendidas de forma inadequada, mas há evidências de que o princípio do prazer, que foi identificado até mesmo nos vermes mais primitivos, desenvolveu-se aos poucos em sistemas de escolhas baseados em uma diferença visual, ou "estética", como no caso da seleção do parceiro ou nos ninhos de pássaros construtores (*Ptilonorhynchidae*).

A arquitetura normalmente é entendida como a forma de arte do espaço, mas, da mesma maneira, é um meio significativo para articular o tempo. Ao mesmo tempo em que domestica o espaço natural e "selvagem" desprovido de sentido, confere uma medida humana ao tempo físico infinito e o transforma em um tempo cultural e humano. A arte e a arquitetura nos ajudam a confrontar o "terror do tempo", para utilizar a noção provocadora de Karsten Harries.

A poesia nos faz confrontar imagens no próprio surgimento da linguagem; a pintura nos faz ver objetos e coisas como se não tivessem sido vislumbrados pelo olho humano antes; e a arquitetura nos faz confrontar novamente a gravidade, os elementos, a realidade da vida e a maravilha da construção, como se o espaço fosse requerido para ocupação humana pela primeira vez. A novidade e o frescor da temporalidade são o verdadeiro milagre da imagem artística.

Ao mesmo tempo em que as grandes obras de arte nos fazem perceber o tempo e as camadas da cultura, elas interrompem o tempo em imagens que são eternamente novas. Essa já é a mágica das imagens mais antigas da arte rupestre na África e na Austrália. Embora essas imagens possam ter sido pintadas há quase 50 mil anos, os animais representados nessas pinturas são caçados bem em frente aos nossos olhos e podemos sentir o foco determinado dos caçadores e a tentativa desesperada dos animais de escapar. Podemos até ouvir a agitação da caçada.

Geralmente, entendemos as imagens artísticas como uma manipulação emocional da forma, mas a arte é uma manipulação igualmente significativa das camadas temporais e evolucionárias da mente. A arte funde a criança com o adulto e o selvagem originário com os processos de aculturação. Nesse sentido essencial, a arte fica a serviço da compreensão evolucionária e da recordação do passado. Significativamente, defende e protege nosso passado mental e amplia nossas capacidades. "A arte é uma extensão das funções do cérebro visual em sua busca pelos elementos essenciais", como diz o neurologista Semir Zeki.[26]

A unidade das artes: a arte e a vida

"Um dos sintomas característicos da condição espiritual de nossa época", observou Baudelaire ao escrever sobre Delacroix, é que "as artes aspiram, senão a assumir o lugar da outra, a pelo menos emprestar-se reciprocamente novos poderes".[27] Parece que Baudelaire estava descrevendo o cenário artístico do final do segundo milênio, não sua própria época, em meados do século XIX. O ensaio de Rosalind Krauss intitulado "Sculpture in the Expanded Field" (1978) nos vem imediatamente à mente como um exemplo do tipo de fusão sugerida por Baudelaire. Krauss analisa o cruzamento de fronteiras entre paisagismo, arquitetura e escultura, característico do final do século XX.[28] Ela conclui que a escultura contemporânea pode ser definida apenas de maneira exclusiva, isto é, por aquilo que *ela não é*. A escultura é definida pela autora por meio das categorias de *não paisagismo* e *não arquitetura*, que introduz três novas esferas da escultura (*construção de sítios*, *sítios marcados* e *estruturas axiomáticas*) para expandir a noção tradicional de escultura como um objeto. Novas esferas híbridas também surgiram em outras formas de arte.

Além do fato de que várias formas de arte estão expandindo seus respectivos campos e sendo fertilizadas de maneira cruzada, as artes têm uma base mental e experimental comum: a condição humana. Alvar Aalto, por exemplo, escreve sobre essa "raiz comum" das artes.

> Formas de arte abstratas deram um impulso à arquitetura de nossa época, embora indiretamente, mas esse fato não pode ser negado. Por outro lado, a arquitetura proporcionou origens à arte abstrata. Essas duas formas de arte influenciaram-se alternativamente. Enfim, as artes realmente têm uma raiz comum inclusive em nosso período [...].[29]

Em outro contexto, Aalto enfatiza a base intuitiva e emocional da arte:

> A arte abstrata, em sua expressão máxima, é resultado de uma espécie de processo de cristalização. Talvez seja por isso que ela é entendida apenas de modo intuitivo. Apesar disso, no interior e por trás da obra de arte existem pensamentos construtivos e elementos de tragédia humana. De certa forma, é um meio que pode nos transportar diretamente para a corrente humana de sentimentos que quase se perdeu em função da palavra escrita.[30]

O uso do conceito de "abstrato" por Aalto pode ser entendido em relação à visão ideológica e modernista do período, mas ele também poderia ter dito o mesmo sobre a arte em geral.

É evidente que o arquiteto pode ser inspirado por outras formas de arte e é possível nos beneficiarmos com o estudo de aspectos de nosso próprio ofício em outras disciplinas artísticas. De maneira literal, pictórica e cinematográfica. Por exemplo: os imaginários podem inspirar o pensamento de arquitetura ou serem aplicados diretamente em contextos arquitetônicos. Na verdade, os arquitetos podem atualmente identificar o que foi perdido em sua forma de arte por meio do estudo de outras artes que não foram instrumentalizadas e convencionalizadas na mesma intensidade que a arte da arquitetura. Pessoalmente, achei muito revigorante e inspirador encontrar outras formas de arte, desde a pintura e a escultura, música e dança, poesia e teatro, até as instalações, vídeos e *land art* da atualidade. Também considero recompensador ensinar a arquitetura por meio dos imaginários arquitetônicos em outras formas de arte e sua utilização do espaço. Como a arte da arquitetura tende a ser dominada pela racionalidade, é especialmente instrutivo revelar a importância da dimensão emocional do imaginário poético por meio de outras formas de arte.

As conexões e paralelos essenciais entre a arquitetura, a pintura e a escultura durante o período modernista são bem conhecidas. Além disso, hoje é evidente a polinização cruzada entre arquitetura, *earth art* e arte minimalista. No entanto, até mesmo as estruturas, os ritmos e as imagens da música têm sido aplicados à arquitetura como nas colaborações de Iannis Xenakis com Le Corbuiser e na obra independente deste arquiteto/compositor. A tradição harmônica pitagórica representa uma exploração de quase dois milênios e meio dos pontos em comum harmônicos entre a música e a arquitetura, a audição e a visão.[31] A tradição pitagórica foi resgatada no Renascimento e, novamente, no século XX, por Hans Kayser, da Academia de Música de Viena, bem como nos estudos de harmonia e proporção feitos por dois arquitetos, R. M. Schindler (1887–1953), nos Estados Unidos, e Aulis Blomstedt (1906–79), na Finlândia. Blomstedt desenvolveu um sistema de medidas e proporções harmônicas que chamou de *Cânone 60*, baseado nos fatores aritméticos do número 60 e nos intervalos musicais (ilustração, página 112, à esquerda).

Junto com as metáforas e imagens científicas e conceituais, Steven Holl tem utilizado as metáforas e analogias da música em sua obra de arquitetura. A Casa Stretto, em Dallas, Texas (1989–91), baseia-se no conceito musical do *stretto* (uma fuga empregada para formar um contraponto) e na composição de Béla Bartók, *Música para Cordas, Percussão e Celesta* (ilustração, p. 112, à direita). Os quatro movimentos da partitura musical, bem como sua subdivisão em componentes de percussão (pesados) e de cordas (leves), se refletem nas estruturas espaciais, formais e materiais da casa. Outro

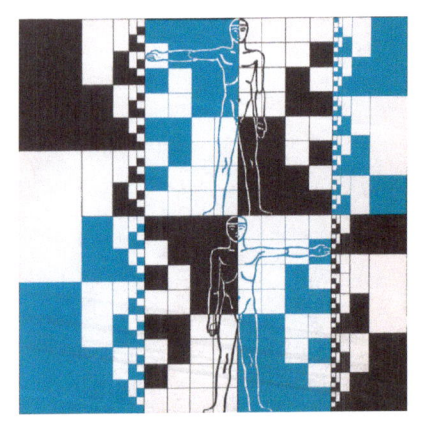

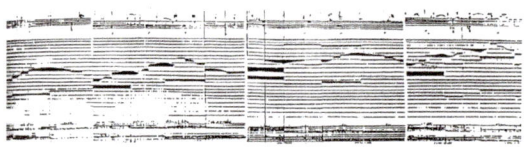

A ARQUITETURA E A MÚSICA

As duas formas de arte têm estado relacionadas particularmente por meio das teorias comuns das proporções harmônicas. As teorias renascentistas resgataram as ideias pitagóricas da harmonia do mundo. A tradição de Pitágoras foi novamente reintroduzida no século XX por Hans Kayser, em Viena, e Aulis Blomstedt, em Helsinque. Em alguns casos, como na Casa Stretto, de Steven Holl, as estruturas da música têm sido diretamente empregadas na composição da arquitetura.

Aulis Blomstedt, estudo dos intervalos pitagóricos aplicados às medidas de um homem de 1,80 m, início da década de 1960.

Steven Holl, Casa Stretto, Dallas, Texas, 1989–91. Partes da partitura de Béla Bartók para os quatro movimentos de sua *Música para Cordas, Percussão e Celesta* e vista da maquete do projeto de Steven Holl para a Casa Stretto.

exemplo de uma inspiração musical na obra de Holl é o projeto dos Escritórios da Sarphatistraat, em Amsterdã (1996–2000); neles, a luz refletida e a cor, presas por trás das fachadas de metal perfurado, refletem um conceito derivado da música *Padrões em um Campo Cromático*, de Morton Feldman.[32]

"Em grande parte", diz o poeta Wallace Stevens, "os problemas dos poetas são os problemas dos pintores, e os poetas frequentemente têm de recorrer à literatura ou à pintura para discutir seus próprios problemas."[33] Em outro contexto, ele escreve: "Suponho (...) que seria possível estudar poesia por meio da pintura".[34] De fato, chama nossa atenção que inúmeros poetas tenham escrito ensaios significativos sobre os artistas, em particular os pintores: Wallace Stevens, Rainer Maria Rilke, D. H. Lawrence e William Carlos Williams, por exemplo, escreveram sobre Paul Cézanne. Rilke também escreveu de maneira sábia e comovente sobre a arte de Auguste Rodin,[35] afinal, quando jovem, trabalhou como secretário para o mestre escultor em Paris por um período de tempo considerável (1902–06). Por outro lado, as metáforas das edificações e da arquitetura são frequentes na poesia e na prosa. Ainda assim, não sei de escritos importantes feitos por poetas sobre os arquitetos ou a arquitetura de nossa época. Talvez essa observação revele algo sobre nossa forma de arte: é possível que os poetas já não considerem a arquitetura como uma forma de arte ou como sendo suficientemente inspiradora para seus escritos. Contudo, imagens e metáforas de arquitetura não são raras na poesia, como nos poemas e na prosa criativa de meu conterrâneo Bo Carpelan (1926–).[36]

Em meu caso pessoal, a pintura, a escultura e o cinema, junto com a poesia e os romances, têm sido importantes para a compreensão da essência de meu próprio ofício. Quadros, filmes e obras de literatura têm me revelado as conexões essenciais entre a vida, o espaço, as edificações e a mente humana. Essas lições têm me ensinado a não considerar minha disciplina como mero formalismo visual, convenção ou retórica.

Hoje é evidente o esmaecimento das fronteiras entre a arquitetura e a escultura, assim como entre a arquitetura e o cinema, o teatro, a dança e a *performance art*. As obras de artistas de instalações e de *performance art*, como Ann Hamilton, Marina Abramović e Rebecca Horn, e de videoartistas como Bill Viola, frequentemente assumem conotações arquitetônicas. Além do desaparecimento das fronteiras, outras formas de arte articulam e expressam imagens e situações da arquitetura; eu mesmo escrevi um livro sobre o imaginário da arquitetura no cinema visto por meio da noção de espaço existencial, um conceito que oferece um campo para experiências comuns entre essas duas formas de arte.[37] O cinema nos ensina como a dimensão poética pode ser totalmente integrada a um senso de vida.

Estetização e beleza

Entre os próprios artistas, a estética frequentemente é considerada uma maneira vazia e formalista de abordar os fenômenos artísticos. A assertiva de Barnett Newman, "A estética é para os artistas o que a ornitologia é para os pássaros", exemplifica essa postura depreciativa.[38] A noção de estética traz consigo, é claro, muitos significados e práticas. Em geral, interesso-me pela intenção estética como uma aspiração inerente à beleza e a um mundo melhor e como um princípio biológico, não tanto como um modo de análise formal de produtos e intenções nas artes.

Ao longo de toda a era moderna, a noção de beleza tem sido muito suspeita. Em escritos recentes de literatura e filosofia, contudo, como o trabalho *On Beauty and Being Just*, de Elaine Scarry, e *Poetic Justice*, de Martha Nussbaum, a beleza e a estética são reconectadas à dimensão ética.[39] Estudos recentes de neurologia, como *Inner Vision: An Exploration of Art and the Brain* (1999), de Semir Zeki, *Neuroarthistory: from Aristotle and Pliny to Baxandall and Zeki* (2007), de John Onian, *Imagination and the Meaningful Brain* (2006), de Arnold H. Modell, e *The Architect's*

Brain: Neuroscience, Criativity, and Architecture (2010), relacionam de maneira interessante os fenômenos estéticos com nossa constituição mental e neurológica.

Joseph Brodsky está convencido da importância do senso estético e até mesmo afirmou que nosso senso ético nasce do julgamento estético. "A estética é a Mãe da ética"[40] e "O ser humano é uma criatura estética antes de ser uma criatura ética",[41] acredita o poeta. Ele vai além em sua crença no papel fundador da beleza: "O propósito da evolução, acredite se quiser, é a beleza", ele afirma com a certeza de um mestre poeta.[42]

Em minha opinião, o idealismo, o otimismo, a justiça e a esperança estão todos relacionados com o desejo e a paixão pela beleza. A beleza e o poder de imaginação também coexistem, como a experiência da beleza necessariamente deriva da fusão da percepção com o desejo, da realidade com a idealização, observação e compaixão. Uma civilização apenas tem esperança se conseguir distinguir entre a beleza e a feiura, entre o que é genuinamente desejável e o que deveria ser evitado. Quando uma civilização perde seu senso e desejo de beleza, ela também perde seu senso do que é justo e está fadada à decadência.

A estetização e o ritualismo são meios de conferir importância aos eventos e fenômenos culturais, mas são meios igualmente poderosos para ocultar intenções menos benevolentes e mais sombrias: a estetização frequentemente é um meio de ocultação e disfarce. De seu papel originário de liberação e proteção, a arquitetura também pode se tornar um veículo da opressão. Herbert Read faz uma observação bastante chocante sobre essa face dupla da estetização: "O Classicismo [...] representa para nós hoje – e sempre representou – as forças da opressão. O Classicismo é a contraparte intelectual da tirania política [...] sempre que o sangue dos mártires manchar o solo, lá você encontrará uma coluna dórica ou, quem sabe, uma estátua de Minerva".[43] Da mesma maneira, as imagens transparentes dos prédios de nossos dias frequentemente mascaram estruturas de poder hierárquicas, esquemas ditatoriais e estratégias econômicas de exploração.

As intenções cínicas podem ser disfarçadas em uma aparente ordem e em uma beleza sentimental forçada. Há uma diferença fundamental entre a beleza como uma experiência individual genuína e autônoma e uma convenção social de estilo e estetização explícita. A noção de Paul Valéry da "tirania da beleza" se aplica ao uso de uma linguagem distinta para propósitos de supressão.[44] A beleza manipuladora geralmente é tematizada, vazia e ingenuamente simbólica; a multidimensionalidade e a independência inatas da arte são aproveitadas para servir a uma manipulação mental deliberada. Ao longo de toda a história, a arquitetura tem glorificado o poder e a dominação por meio de sua linguagem autoritária de ordem e autoridade. As imagens tematizadas e estetizadas da arquitetura de hoje muitas vezes mascaram uma vergonhosa exploração econômica, ideológica e cultural.

Além de ser a Era da Imagem, nossa época também é a Era da Estetização; todos os tipos de mercadoria, política, operações e até mesmo guerras são estetizadas e transformadas em um entretenimento vazio. Além disso, a arte e a arquitetura tendem a estar estetizadas e desvinculadas de seus fundamentos existenciais e autônomos. Obras de arte "inovadoras" são produzidas deliberadamente para um mercado de arte que valoriza indiscriminadamente a novidade como a mais alta das qualidades artísticas. A arte deixou de ser uma expressão existencial autêntica e se tornou uma vigorosa invenção e fabricação de novidades que possam ser comercializadas. Como consequência dessa transformação, as artes estão correndo o risco de perder sua sinceridade existencial e se tornando meras estéticas especulativas, superfícies brilhantes e sedutoras, porém vazias e alienantes. Joseph Brodsky chega a criticar seu estimado colega, Ezra Pound, por sua estetização: "Seu erro é antigo: buscar a beleza [...] a beleza não pode ser almejada; ela é um resultado de outros objetivos, frequentemente muito banais".[45]

Por meio de sua origem em experiências individuais autênticas, as obras de arte e arquitetura profundas sempre defendem a autonomia e a emancipação da experiência individual, e elas formam uma força contrária ao calculismo e à exploração. A arte protege as fundações da autonomia e dignidade mental individual. Esta, em minha opinião, é a função comum e mais valiosa de todas as artes. Em um mundo que está em risco de ceder à uniformidade e à falta de significado – apesar de sua defesa explícita pela diversificação das experiências –, a tarefa humana das artes tem sua importância exacerbada.

De acordo com a opinião de Rilke sobre as exigentes pré-condições mentais para a emergência de um verso profundo, gostaria de sugerir que a arquitetura não surge simplesmente de racionalizações da tarefa de edificar, de meras aspirações estéticas por reconhecimento e fama. A arquitetura também surge dos mais profundos encontros e preocupações existenciais. A função da arquitetura não é embelezar a vida, mas reforçar e revelar sua essência, beleza e enigma existenciais.

Referências

1 Elaine Scarry, *Dreaming by the Book*, Princeton University Press (Princeton, NJ), 1999, p. 7.
2 Gaston Bachelard, *Water and Dreams: An Essay On the Imagination of Matter*, Pegasus Foundation (Dallas, TX), 1999, p. 16.
3 *Borges on Writing*, edited by Norman Thomas di Giovanni, Daniel Halpern and Frank MacShane, Ecco Press (Hopewell, NJ), 1994, p. 45.
4 *Ibid*. p. 48.
5 Como citado em Peter von Bagh, "The Death of Emotion", *Synnyt: Sources of Contemporary Art*, Museum of Contemporary Art (Helsinki), 1989, p. 202.
6 Como citado em Richard Kearney, *Modern Movements in European Philosophy* (Manchester and New York), 1994, p. 82.
7 *Ludwig Wittgenstein, Culture and Value*, Georg Henrik von Wright in collaboration with Heikki Nyman, editors, Blackwell (Oxford), 1998, p. 74e.
8 Gaston Bachelard, *Poetics of Space*, Beacon Press (Boston), 1969, p. 46.
9 Richard Serra, "An Optional Museum Goer – Interview with Brendan Richardson", em *Richard Serra, Writings/Interviews*, University of Chicago Press (Chicago and London), 1994, p. 109.
10 Tadao Ando, "The Emotionally Made Architectural Spaces of Tadao Ando", em *The Japan Architect* (April 1980), 45–6.
11 Randall Jarrell, "Against Abstract Expressionism", JD McClatchy, editor, *Poets on Painters*, University of California Press (Berkeley), 1990, p. 187–8.
12 Richard Kearney, *The Wake of Imagination*, Routledge (London), 1994, p. 136–7.
13 Ezra Pound, *ABC of Reading*, New Directions (New York), 1987, p. 14.
14 T.S. Eliot, "Tradition and the Individual Talent", *Selected Essays*, new edition, Harcourt, Brace & World (New York), 1964.
15 Louis I Kahn, "New Frontiers in Architecture: CIAM in Otterlo, 1959", em Alessandra Latour, editor, *Louis I Kahn: Writings, Lectures, Interviews*, Rizzoli International Publications (New York), 1991, p. 85.
16 Bachelard, *Poetics of Space*, 1969, p. 7.
17 Kahn, *Louis I Kahn*, 1991, p. 93.
18 Constantin Brancusi, citado em M. Gale, editor, "Selected Aphorisms", *Constantin Brancusi: The Essence of Things,* Tate Publishing (London), 2004, p. 133.
19 Por exemplo: Mark Johnson, *The Body in the Mind: The Bodily Basis of Meaning, Imagination, and Reason,* University of Chicago Press (Chicago and London), 1987; e George Lakoff and Mark Johnson, *Philosophy in the Flesh: The Embodied Mind and Its Challenge to Western Thought*, Basic Books (New York), 1999.
O livro recente de Harry Francis Mallgrave, *The Architect's Brain: Neuroscience, Creativity and Architecture*, John Wiley & Sons (Chichester, West Sussex), 2010, aplica diretamente as ideias e descobertas da neurociência e da filosofia ao campo da arquitetura.

20 Richard Rorty, *Philosophy and the Mirror of Nature*, Princeton University Press (Evanston, IL), 1979, p. 239.
21 Joseph Brodsky, "A Cat's Meow", *On Grief and Reason*, Farrar, Straus and Giroux (New York), 1997, p. 302.
22 Como citado em Gaston Bachelard, *The Right to Dream*, Dallas Institute Publications (Dallas, TX), 1983, p. 51.
23 Lars Fr. H. Svendsen, *Ikävystymisen filosofia* [*A Filosofia do Tédio*], Kustannusosakeyhtiö Tammi (Helsinki), 2005, p. 75. Trans. Juhani Pallasmaa.
24 Arnold H. Modell, *Imagination and the Meaningful Brain*, MIT Press (Cambridge, MA and London, UK), 2006, p. XII.
25 Modell, *Imagination and the Meaningful Brain*, 2006, p. 1.
26 Semir Zeki, *Inner Vision: An Exploration of Art and the Brain*, Oxford University Press (Oxford), 1999, p. 22.
27 Como citado em McClatchy, *Poets on Painters*, 1990, XII.
28 Rosalind Krauss, "Sculpture in the Expanded Field", em Hal Foster, editor, *Postmodern Culture*, Pluto Press (London and Sydney), 1985, p. 31–42.
29 Citado em Kirmo Mikkola, *Aalto*, Gummerus (Jyväskylä), 1985, p. 42. A origem da citação não foi identificada.
30 Alvar Aalto, "The Trout and the Mountain Stream", em Göran Schildt, editor, trans. Stuart Wrede, *Sketches, Alvar Aalto*, MIT Press (Cambridge, MA), 1985, p. 85.
31 Quanto à harmônica pitagórica, veja Hans Kayser, *Lehrbuch der Harmonie*, Occident Verlag (Zurich), 1950. Para uma aplicação contemporânea da harmônica pitagórica, veja *Aulis Blomstedt, Architect: Pensée et Forme, Etudes Harmoniques*, Juhani Pallasmaa, editor, Museum of Finnish Architecture (Helsinki), 1977; and *RM Schindler: Composition and Construction*, edited by Lionel March and Judith Sheine, Academy Editions and Ernst & Sohn (London and Berlin), 1993, p. 88–101.
32 *Stretto House: Steven Holl*, Monacelli Press (New York), 1996.
33 Como citado em Charles Tomlinson, "The Poet as Painter", em McClatchy, *Poets on Painters*, 1990, p. 266.
34 Wallace Stevens, "The Relations between Poetry and Painting", em McClatchy, *Poets on Painters*, 1990, p. 111.
35 Rainer Maria Rilke, *Auguste Rodin,* translated from the German by Daniel Slager, Archipelago Books (New York), 2004.
36 Bo Carpelan (b 1926). Para a tradução de sua poesia para o inglês, veja: Bo Carpelan, *Homecoming*, traduzido do finlandês-sueco por David McDuff, Carcanet (Manchester), 1993; e, para sua prosa: Bo Carpelan, *Urwind*, traduzido do finlandês-sueco por David McDuff, Northwestern University Press (Evanston, IL), 1993.

37 Juhani Pallasmaa, *The Architecture of Image: Existential Space in Cinema*, Rakennustieto Oy (Helsinki), 2001.
38 Harold Rosenberg, *Barnett Newman*, Harry N. Abrams (New York), 1978, p. 43.
39 Veja Elaine Scarry, *On Beauty and Being Just*, Princeton University Press (New York), 1999; e Martha C. Nussbaum, *Poetic Justice: The Literary Imagination and Public Life*, Beacon Press (Boston), 1995.
40 Joseph Brodsky, *On Grief and Reason*, Farrar, Straus and Giroux (New York), 1997, p. 36.
41 *Ibid*. p. 50.
42 *Ibid*. "An Immodest Proposal", p. 207.
43 Herbert Read, *The Philosophy of Modern Art*, Meridian Books (New York), 1965, p. 112–13.
44 "As coisas mais belas são necessariamente tirânicas…". Paul Valéry, "Eupalinos, or the Architect", *Dialogues*, Pantheon Books (New York), 1956, p. 86.
45 Joseph Brodsky, *Watermark*, Penguin Books (London), 1992, p. 70.

5
A Imagem da Arquitetura

Nossa casa é nosso canto do mundo (...) é nosso primeiro universo, um cosmos real em todos os sentidos da palavra. (...) Ela é um instrumento com o qual confrontar o cosmos.[1]

Gaston Bachelard

As edificações são frequentemente apresentadas desvinculadas de seus contextos de paisagem, cultura e realidade social. Elas também são mostradas e avaliadas como objetos estéticos separados da visão de mundo ou imagem da vida e dos valores que transmitem. Ainda assim, as obras de arquitetura tendem a ser representações metafóricas extremamente condensadas da cultura, e essas imagens metafóricas guiam e organizam nossas percepções e pensamentos.

As imagens da arquitetura se relacionam com atos específicos e, consequentemente, os prédios sempre são essencialmente convites e verbos. As imagens da arquitetura que conseguem tocar nossas emoções se fundamentam em nossas reações inconscientes e em nossa historicidade biológica.

A arquitetura e o mundo

Atualmente a arquitetura está ameaçada por dois processos antagônicos: a instrumentalização e o esteticismo. Por um lado, nossa cultura secular, materialista e semirracional está tornando as edificações meras estruturas instrumentais, destituídas de significados mentais, para fins de utilidade e economia. Por outro lado, a fim de chamar a atenção e facilitar a sedução instantânea, a arquitetura está cada vez mais se transformando na produção de imagens esteticamente sedutoras sem raízes em nossa experiência existencial, desprovida de um autêntico desejo de vida. Em vez de ser uma metáfora existencial vivida e incorporada, a arquitetura de nossos dias tende a projetar imagens apenas na retina, como se fossem fotografias de arquitetura, para a sedução ocular. Contudo, a função da arquitetura não é apenas prover abrigo físico, facilitar a realização das atividades humanas e estimular os prazeres sensoriais. Além de serem exteriorizações e extensões das funções corporais humanas, as edificações também são extensões e projeções mentais; elas são exteriorizações de nossa imaginação, memória e capacidade de conceitualização. As cidades e as edificações, assim como outros objetos feitos pelo homem, estruturam nossas experiências existenciais e lhes conferem significados específicos. As estruturas feitas pelos homens "domesticam" o mundo para a habitação e compreensão humanas, além de realçar sua sensualidade e desejo. O mundo fora de nossas casas é um mundo diferente daquele confrontado sem o efeito mediador do artefato arquitetônico. Uma tempestade que acontece do lado de fora de nossas janelas ou acima de nossos telhados não é a mesma intempérie percebida sem as funções de proteção, distanciamento, separação e focalização da casa. A arquitetura confere significado especial para os fenômenos da natureza e o clima da mesma maneira que estrutura as instituições, relações e comportamentos humanos.

Gaston Bachelard, cujos escritos fenomenológicos sobre a poética do espaço e a imaginação dos materiais têm inspirado inúmeros estudos sobre a base mitopoética da arquitetura ao longo das últimas décadas, atribui uma função monumental à casa: "... [A] casa é um dos maiores poderes de integração para os pensamentos, memórias e sonhos da humanidade", ele afirma.[2] Opondo-se à visão heideggeriana da ansiedade fundamental em nossa experiência humana provocada por sermos lançados ao mundo, Bachelard defende que nascemos no contexto da arquitetura e consequentemente nossa experiência existencial sempre é mediada e estruturada pela arquitetura, desde o início de nossas vidas individuais. Até mesmo na ausência de uma casa de concreto, as imagens das casas em nossa memória e imaginação estruturam nossas experiências. Em outro contexto, ele desenvolve seu argumento: "Todas as imagens grandes e simples revelam um estado psíquico. A casa, ainda mais que a paisagem, é um 'estado psíquico'...".[3] De fato, não enfrentamos o cosmos desprotegidos e diretamente, uma vez que aplicamos – seja de modo consciente ou não – imagens de arquitetura percebidas, lembradas ou imaginadas para estruturar nossas experiências, pensamentos e metáforas. Ao longo da história, a arquitetura nos tem oferecido uma das mais eficientes metáforas para a estruturação e ordenação do pensamento e imaginação humanos.

A arquitetura como metáfora

A arquitetura articula o encontro do mundo com a mente humana. Ela estrutura "a carne do mundo" por meio de imagens espaciais e materiais que articulam e conferem significado a nossas situações existenciais humanas básicas. Uma metáfora de arquitetura é uma entidade experimental extremamente abstraída e condensada que funde a multiplicidade de experiências humanas em uma imagem vivenciada singular ou em uma sequência de tais imagens. As condensações definitivas do significado existencial são as imagens do cômodo e da casa de uma pessoa. A experiência de "estar em casa" condensa nossos sentimentos de indentidade própria, de pertencer a um lugar, de ter segurança e significado. A arquitetura advém do conceito e da experiência do lar, e até mesmo a diversidade de outras funções das edificações – trabalho, reunião, culto – deriva da essência mental do ato de habitar. Devido à sua importância primordial, a casa continua a ser, poeticamente, a mais potente atividade de projeto na arquitetura, junto com as edificações de culto ou similares; como afirmei anteriormente, a arquitetura resulta dos atos de habitar e glorificar. Todas as expressões artísticas poderosas da literatura, música, pintura e cinema são condensações existenciais similares capazes de comunicar a complexa experiência de ser humano instantaneamente por meio de uma imagem singular.

As metáforas ou imagens da arquitetura têm um impacto extraordinário, devido a seu poder de estruturação, e são inclusive exploradas por outras formas de arte. Os escritores, por exemplo, frequentemente relacionam sua obra a obras e elementos de arquitetura. Em seu livro *Dwelling in the Text*, Marilyn R. Chandler escreve:

> Escritores norte-americanos tão distintos como [Henry] James, [Willa] Carther, [Edith] Wharton e [William] Faulkner usam repetidamente metáforas da arquitetura para descrever sua obra e suas ideias sobre o texto como algo que pode ser mais bem entendido espacial e estruturalmente. Ao explicar seu ofício, falam sobre superfícies e interiores, cômodos e saguões, soleiras, janelas e móveis. James, na que talvez seja a mais famosa dessas ideias extravagantes, associa o escritor a um artesão que está construindo uma "casa de ficção" com "mil janelas".[4]

O poder integrador do imaginário da casa é bem ilustrado pelo uso dos contextos e metáforas da arquitetura na literatura. O livro de Chandler, por exemplo, é "uma exploração das maneiras pelas quais diversos grandes escritores [norte-americanos] têm se apropriado de casas como metáforas estruturais, psicológicas, metafísicas e literárias, construindo analogias complexas entre a casa e a psique, a casa e a estrutura familiar, a casa e o ambiente social, a casa e o texto".[5] O imaginário da arquitetura tem uma papel central similar no cinema, teatro, fotografia e pintura figurativa. Essas imagens criam o senso de contexto e lugar, bem como a cultura e a era histórica, para cena ou evento representado.

A arquitetura como uma imagem organizadora

A imagem arquitetônica relaciona nossa experiência do mundo com a experiência de nossos corpos por meio de um processo de internalização, identificação e projeção inconscientes. As edificações genuínas reforçam nossa experiência do real, bem com da horizontalidade e verticalidade, do que está acima e abaixo, longe e perto. Até mesmo as imagens e referências da linguagem se baseiam nesses esquemas, metáforas e imagens corpóreos, como afirmam de maneira convincente Mark Johnson e George Lakoff: "A metáfora está onipresente na vida cotidiana, não somente na linguagem, mas no pensamento e na ação. Nosso sistema conceitual ordinário, em cujos termos pensamos e agimos, é de natureza fundamentalmente metafórica".[6]

A arquitetura é nosso principal instrumento de orientação no mundo; nossa casa determina o significado definitivo de interioridade e exterioridade, familiaridade e estranheza, estar no lar e estar fora dele. Como uma abstração e condensação do mundo, a imagem da arquitetura é uma interpretação e concretização de uma ordem idealizada. A vila tradicional da tribo nômade rendile, no Quênia, reconstrói toda noite a imagem daquilo que entende como suas principais ordens cósmica e social. Suas cabanas desmontáveis revestidas de couro são transportadas em camelos, e todas as noites as mulheres erguem as estruturas na mesma configuração: as cabanas são distribuídas formando um círculo, com um espaço maior direcionado para o sol nascente e a cabana do cacique voltada para esta clareira; assim, o modelo mental do cosmos e de sua hierarquia social é reconstruído todos os dias.

Heidegger descreve o diálogo de uma edificação especial, o templo grego clássico, com sua implantação e o resto do mundo da seguinte maneira:

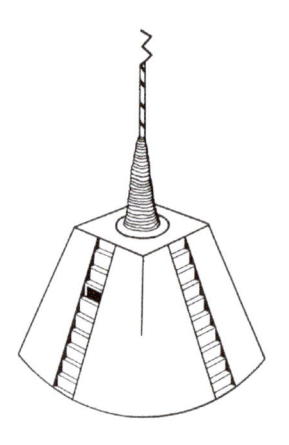

A ARQUITETURA COMO MEDIADORA DE DEUSES E MORTAIS

Como memoravelmente ressalta Heidegger, o templo grego subconscientemente organiza o mundo das experiências, ressalta as características da paisagem e cria as hierarquias entre a terra e o céu, os mortais e os deuses.

A estrutura da Arca Mítica dos Dogon é um recurso mágico similar que concretiza a memória da criação do mundo e oferece hierarquias e classificações básicas; é o modelo concreto para o celeiro Dogon e até mesmo inclui a unidade das terras agrícolas no elemento quadrado no topo da arca.

Acrópole de Atenas, Grécia.

O templo estabelece um eixo para o mundo e enquadra a paisagem, além de criar os motivos experimentais para os significados psíquicos e culturais.

Desenho da Arca Mítica dos Dogon, baseado em uma descrição oral de um ancião Dogon, Ogotemmêli, conforme registro de Marcel Griaule.

A base circular simboliza o sol; a cobertura quadrada, o céu; e o círculo dentro dela, a lua. A porta que leva ao interior, o qual tem dois pavimentos e oito cômodos, se localiza no sexto degrau da escada, no lado norte.

Lá, o prédio construído repousa sobre o solo rochoso. Esse apoio da obra retira da rocha o mistério de seu suporte grosseiro, porém espontâneo. Lá, o prédio se mantém firme e resiste à intempérie que vem de cima e assim faz com que a própria intempérie manifeste sua violência.

O templo, com sua materialidade, torna visível as características do contexto, que sem ele seriam invisíveis:

O lustro e brilho da pedra, embora por si próprios aparentemente surjam apenas graças ao sol, ainda assim trazem à luz a luz do dia, a amplitude do céu, a escuridão da noite. A forte verticalidade do templo torna visível o espaço invisível do ar. A estabilidade da obra contrasta com a rebentação das ondas, e seu próprio repouso ressalta a fúria do mar.[7]

Heidegger vai além, ressaltando o efeito mental do templo como recurso estruturador especial que inclusive confere ao homem seu lugar apropriado: "O templo, por estar lá, em primeiro lugar dá às coisas sua aparência, depois confere aos homens a perspectiva deles próprios".[8] O mundo é experimentado, sentido e avaliado em relação à base experimental da arquitetura. As edificações humanizam o mundo conferindo-lhe uma medida humana e um horizonte de julgamento e significado. Elas dão uma medida à assustadora infinitude e homogeneidade do cosmos. Ao mesmo tempo em que a arquitetura cria uma natureza feita pelo homem, ela também deixa manifestos os fenômenos naturais. Louis Kahn afirma que a arquitetura inclusive nos deixa totalmente cientes do milagre da luz do sol: "O sol nunca sabe como é espetacular até incidir na lateral de um prédio ou brilhar dentro de um cômodo".[9]

Assim como Heidegger e Bachelard, Karsten Harries vê o papel mental da arquitetura em proporcionar uma ordem experimental e significado fundamentais:

> A arquitetura ajuda a substituir a realidade insignificante por uma realidade transformada teatral – ou melhor, arquitetônica –, que nos atrai para dentro e, uma vez que nos rendemos a ela, nos confere uma ilusão de significado [...] não conseguimos viver no caos. O caos deve ser transformado em cosmos. [...] Quando reduzimos a necessidade humana de abrigo à necessidade material, perdemos a noção do que poderíamos chamar de a função ética da arquitetura.[10]

A filósofa observa a importância dessa função ética na arte da arquitetura; quando a arquitetura perde seu contato com essa base mental essencial, ela se torna um exercício vazio de técnica e estética.

Ao contrário do imaginário retratado, simulado ou representado das outras formas de arte, a arquitetura ocorre no mundo real das atividades cotidianas, no teatro real da vida. Consequentemente, sua função ética é dar suporte à vida e aprimorar nossa experiência existencial conferindo-lhe uma estrutura de entendimento e significado. A ideia de arquitetura como uma forma de crítica cultural que tem sido apresentada nas últimas décadas é, portanto, filosófica e eticamente suspeita. A tarefa da arquitetura não é chocar, criticar, surpreender ou entreter, mas nos oferecer uma base no mundo real e, assim, lançar os fundamentos de uma posição crítica perante a cultura e a vida.

A arquitetura como um verbo

A edificação material não é um objeto ou um fim em si. Ela altera e condiciona nossas experiências da realidade: uma edificação emoldura e estrutura, articula e relaciona, separa e une, proíbe e facilita. As experiências arquitônicas profundas são relações e atos, em vez de objetos físicos ou meras entidades visuais. Como consequência dessa ação implícita, um encontro corporal com uma edificação ou o espaço e a luz da arquitetura é um aspecto inseparável da experiência. As imagens da arquitetura são promessas e convites: o piso é um convite para que fiquemos eretos, tenhamos estabilidade e possamos agir, a porta nos convida a entrar e passar por ela, a janela, a olhar para fora e observar, a escada, a subir e descer. A lareira convida a nos reunirmos em torno da imagem acolhedora do fogo que apoia a vida, o foco natural da vida doméstica e dos sonhos (ilustração, página 129, Antoni Gaudí, Casa Battló, Barcelona, Espanha, 1904–6). Consequentemente, elementos experimentais ou mentais autênticos na arquitetura não são unidades visuais ou gestalt geométrica, como sugeriu a teoria e a pedagogia pós-Bauhaus, baseadas na percepção, mas *confrontamentos*, *encontros* e *atos* que projetam e articulam significados incorporados e existenciais específicos. Uma edificação é encontrada, não apenas vista; ela é acessada, confrontada, adentrada, relacionada com nosso corpo, percorrida e utilizada como um contexto e uma condição para diversas atividades e coisas. Uma edificação direciona, confere escala e emoldura ações, relações, percepções e pensamentos. E, o que é mais importante de tudo, ela articula nossas relações com outras pessoas, bem como com as "instituições humanas", para usarmos uma noção proposta por Louis Kahn. As construções da arquitetura concretizam a ordem social, ideológica, cultural e mental, conferindo-lhes forma material metafórica.

Consequentemente, as experiências arquitetônicas básicas têm a essência dos *verbos*, não dos *substantivos*. As experiências autênticas com a arquitetura consistem, por exemplo, em se aproximar do volume de uma edificação e sentir sua presença física, em vez da apreensão formal da fachada; o ato de entrar ou cruzar o limite entre duas esferas espaciais, não a apreciação da imagem visual da porta; olhar para fora da janela e se reconectar com o mundo externo, em vez de apenas com a janela como uma unidade de projeto visual. A qualidade de uma janela está na maneira pela qual ela elabora e expressa suas características típicas de janela, como ela faz a mediação entre exterior e interior, emoldura a vista e lhe confere escala, articula luz e privacidade, anima o cômodo e lhe dá escala, ritmo e ambiência especiais (ilustração, p. 129, Caspar David Friedrich, *Mulher Junto a uma Janela*, 1822). A arquitetura transforma um espaço em um espaço específico. Ela direciona nossa atenção para longe dela própria; a janela revela a beleza do pátio e da árvore lá fora ou foca a silhueta distante de uma montanha. Um cômodo pode ser assustador ou tranquilizante, agressivo ou acalmante, claustrofóbico ou libertador, sem graça ou animado, simplesmente por meio da natureza de suas janelas. Assim, o impacto da arquitetura sobre a experiência humana é tão profundamente arraigado em termos existenciais que não pode ser considerado unicamente como um elemento de projeto visual.

A casa e o corpo

A autenticidade e a força poética de um encontro com uma obra de arquitetura se baseia na linguagem tectônica da construção e na compreensibilidade do ato de construir por meio de nossos sentidos. Ao mesmo tempo em que uma edificação fala sobre o mundo por meio de sua metáfora incorporada, ela conta a história de sua própria construção, sua própria gênese, e se coloca em um diálogo com toda a história da arquitetura; a verdadeira arquitetura nos faz lembrar outras edificações. Todos os prédios significativos falam simultaneamente do mundo, da vida e da disciplina da própria arquitetura. Ao concretizar o presente, eles evocam nossa consciência do passado, bem como nossa confiança no futuro.

Contemplamos, tocamos, ouvimos e medimos o mundo com toda nossa constituição e existência físicas, e o mundo das experiências é organizado e articulado em torno do centro do corpo. Na verdade, nosso mundo existencial tem dois focos simultâneos: nosso corpo e nossa casa. Há um relacionamento dinâmico especial entre os dois; eles podem se fundir e oferecer um senso definitivo de conectividade, ou podem estar distantes um do outro, originando um senso de saudade, nostalgia e alienação. Nosso domicílio é o refúgio e a projeção de nossso corpo, memória e identidade pessoal. Estamos em constante diálogo e interação com o ambiente, a tal ponto que é impossível desconectar a imagem da identidade pessoal de seu contexto espacial e situacional. "Sou o espaço onde estou", como diz o poeta Noël Arnaud.[11]

Há uma animada identificação, ressonância e correspondência inconscientes entre a casa e nosso próprio corpo, com seus órgãos sensoriais e suas funções metabólicas. Essa é uma correspondência de duas vias; a casa é uma metáfora do corpo, e o corpo é uma metáfora da casa. O relacionamento entre a casa e o corpo é frequentemente revelado por obras de arte como as imagens de casa-corpo de Louise Bourgeois (ilustração, p. 126, *Mulher-Casa*). Experimentar um lugar, espaço ou casa é um diálogo, um intercâmbio: coloco-me no espaço e o espaço se assenta em mim. Um prédio humanista incorpora a escala, os padrões de movimento e domínios do ocupante e ressoa com sua presença e seus atos.

Rilke nos oferece uma comovente descrição do imaginário da memória internalizada da casa onde passamos nossa infância:

> Depois jamais vi novamente aquela casa incrível [...] ela não é um prédio completo: está toda quebrada dentro de mim; aqui há um cômodo, ali outro, e aqui um fragmento de corredor que não conecta esses dois recintos, mas é preservado, como um fragmento, isolado.

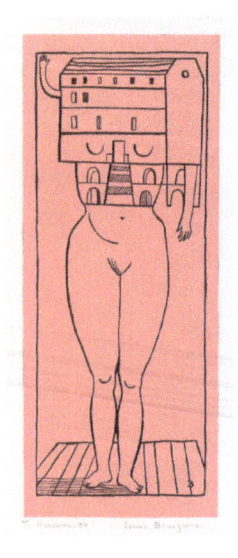

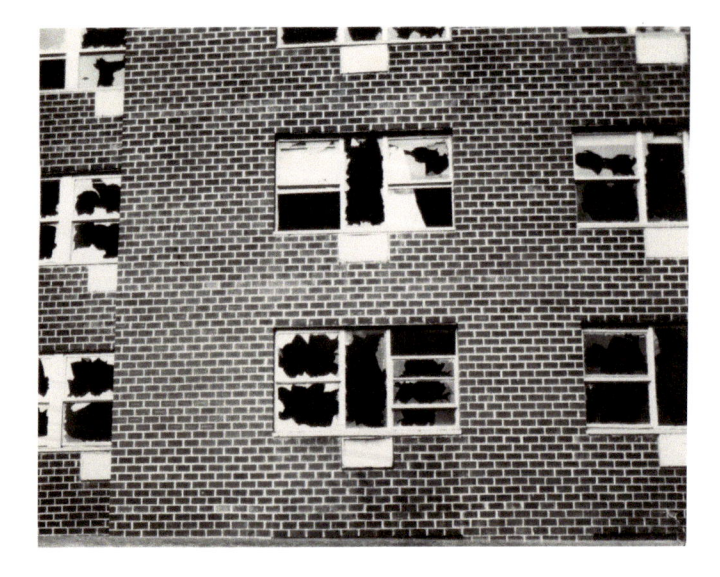

A ARQUITETURA E O CORPO

Temos uma tendência inconsciente a associar certos aspectos do mundo com nossos corpos. Essas associações são reveladas em sonhos e imagens artísticas, como a *Mulher-Casa* de Louise Bourgeois. Recentes estudos neurológicos têm revelado que nossa capacidade de experiências afetivas e identificações empáticas derivam de nossas atividades neurais projetivas, como os "neurônios-espelho". Nossa interpretação inconsciente das janelas como os olhos de uma casa faz com que janelas quebradas dolorosamente se pareçam com olhos violados. Tendemos a ver as edificações como "criaturas", com suas próprias características anatômicas.

Louise Bourgeois, *Femme Maison* (*Mulher-Casa*), acervo único, 1984. Nova York, Museu de Arte Moderna (MoMA). Fotogravura com *chine collé*, chapa: 25,6 × 11 cm; impressão: 49 × 38 cm. Doação da artista.

Várias obras de Bourgeois revelam a associação inconsciente entre as imagens do corpo humano e da casa.

Gordon Matta-Clark, *Explosão de Janelas*, 1976, oito fotografias em preto e branco, impressões *vintage*, papel barita, 26,8 × 34 cm cada uma.

As janelas quebradas são sentidas de modo subliminar e doloroso como olhos violados devido à nossa identificação inconsciente com o corpo humano.

O poeta continua a descrição da imagem fragmentada:

Dessa maneira, ela está totalmente dispersa dentro de mim – os cômodos, a escada que descia com um cuidado tão cerimonioso, e outra escada caracol estreita em cuja escuridão nos movíamos como o sangue que corre em nosssa veias [...] tudo aquilo ainda está em mim e jamais deixará de estar. É como se a imagem desta casa houvesse caído dentro de mim de uma altura infinita e se estilhaçado contra meu próprio solo.[12]

A descrição do poeta ilustra o modo pelo qual a imagem vivenciada de uma casa é uma aglomeração de várias imagens e recordações isoladas, e não um objeto singular ou uma imagem fixa.

A historicidade das imagens da arquitetura

O registro de um dos sonhos de C. G. Jung nos oferece uma descrição da historicidade mental das imagens da casa e sua relação com a própria mente do morador e ele próprio como um ser histórico:

> Era [...] uma casa que eu não conhecia, que tinha dois pisos. Era "minha casa" [...] Era-me evidente que a casa representava uma espécie de imagem da psique – ou seja, de meu estado de consciência de então, com [...] acréscimos inconscientes. A consciência era representada pelo salão. Ele tinha a atmosfera de um lugar habitado, apesar de seu estilo antigo.

Entrando nos pavimentos abaixo, a imagem do sonho cada vez mais se relaciona com os níveis inconscientes da mente:

> O pavimento térreo correspondia ao primeiro nível do inconsciente. Quanto mais fundo eu ia, mais desconhecida e escura a cena se tornava. Na caverna, descobri vestígios de uma cultura primitiva – ou seja, o mundo do homem primitivo dentro de mim mesmo –, um mundo que dificilmente pode ser acessado ou iluminado pela consciência. A psique primitiva do homem toca a vida da alma animal, assim como as cavernas da pré-história geralmente eram ocupadas por animais antes de o homem lhes tomar posse.[13]

É evidente que uma experiência de arquitetura profunda não pode advir de um conceito intelectualizado, de uma ideia formal abstrata, do refinamento compositivo ou de uma forma visual fabricada. Uma experiência de arquitetura comovente e revigorante surge da reativação das imagens ocultas em nossa historicidade como seres biológicos e culturais. Nossa relação com a casa também reflete características de nossas histórias pessoais, uma vez que tendemos a buscar os lugares nos quais nos sentimos protegidos e felizes e a evitar situações que nos assustaram em momentos anteriores de nossas vidas. Essas experiências refletem antiquíssimas experiências de segurança, abrigo, conforto e prazer, bem como o relacionamento dos seres humanos com o mundo em geral. Esses argumentos não sugerem o conservadorismo ou que sejamos retrógrados; minha opinião é que a *arquitetura deve ressonar a historicidade humana* a fim de tocar a profunda base de emoções e afetos. Não podemos de repente ser transformados de seres bioculturais em seres puramente racionais ou estéticos cujos mecanismos sensoriais e mentais apenas conseguem apreciar o mundo como uma experiência intelectual ou estética desprovida de conotações existenciais específicas. "A compreensão não é uma qualidade que chega à realidade humana vinda do exterior; ela é sua maneira característica de existir", como afirma Sartre.[14]

Nosso desejo intenso é viver em um mundo que faça sentido em termos existenciais. Sem serem regressivas ou historicistas, as imagens e metáforas autênticas da arquitetura rearticulam as essências primordiais e históricas de nossas experiências existenciais, ocultas e armazenadas em nossa constituição genética e inconsciente. Uma parede que hoje nos comove nos torna conscientes dos mundos interno e externo, e da agradável proteção do clima; a lareira que ainda hoje nos traz o máximo de conforto e prazer hoje resulta da própria descoberta do fogo e do prazer atemporal da segurança e domesticidade do fogo domado por inúmeras gerações de nossos ancestrais.

Bachelard ressalta que a casa nos permite sonhar em segurança, e de fato é difícil sonhar ou pensar de modo eficiente quando estamos fora dela, pois precisamos de um cômodo protetor e focalizador para poder pensar ou sonhar de uma maneira concentrada. A arquitetura nos leva de volta a um encontro inocente com o mundo, ao mesmo tempo em que media nosso comportamento pré-consciente e nosso conhecimento mítico. A essência poética da arquitetura nunca é mais forte do que quando ouvimos o bater da chuva forte debaixo de um telhado protetor ou quando vemos a luz acolhedora na janela de nossa casa na escuridão de uma fria noite de inverno. O pintor fauvista Maurice de Vlaminck descreve a essência primordial do prazer do calor de uma lareira: "O bem-estar que sinto, sentado em frente à minha lareira, enquanto o tempo ruim assola a rua, é completamente animal. Um rato em seu buraco, um coelho em sua toca, as vacas no estábulo – todos devem sentir o mesmo contentamento que eu sinto".[15]

Imagens de arquitetura primitivas e arquétipos

O maior efeito mental e a maior emoção da arquitetura se concentram em distintos aspectos ou confrontamentos com a casa. Estes não são "elementos" no sentido de objetos ou formas claramente delineados, definidos ou preconcebidos, mas situações. Assim como em todas as obras de arte, os ingredientes das experiências de arquitetura derivam seu significado da entidade, e não de o todo ser percebido como a soma de seus "elementos". As imagens de arquitetura, assim como todas as imagens poéticas, obtêm seu impacto mental por meio de canais emocionais e corporificados antes de serem entendidas pelo intelecto. Na verdade, talvez elas nem sejam entendidas, mas, mesmo assim, nos comovem profundamente. Qual é o "significado" do Pantheon, de Vierzehnheiligen, ou de Ronchamp, por exemplo? "As experiências mais ricas acontecem muito antes que a alma as perceba. E quando começamos a abrir nossos olhos para o que é visível, já nos tornamos fãs do invisível há muito tempo", observa Gabriele d'Annunzio.[16]

O poder das imagens poéticas e arquitetônicas está em sua capacidade de condicionar a experiência existencial de maneira direta, sem uma deliberação consciente. Em sua própria estrutura, a imagem arquitetônica primordial é similar à noção de C. G. Jung do arquétipo, que ele desenvolveu com base na ideia de Sigmund Freud de "resíduos arcaicos", que são parte da constituição da psique humana. Ainda mantemos em nossos corpos resíduos psicológicos de nossa vida aquática, uma lembrança da pálpebra que se move na horizontal de nossa fase evolucionária como répteis, e a cauda de nosso passado arbóreo. Os arquétipos são antigos resíduos mentais ou neurais similares. De acordo com a definição de Jung, um arquétipo não é um significado específico, mas a tendência que uma imagem tem de provocar certos tipos de emoção, reação ou associação. Da mesma maneira, as imagens arquitetônicas não projetam significados específicos, mas dão lugar a determinadas experiências, sensações e associações. Em vez de arquétipos, Bachelard escreve sobre "imagens primordiais": "vou tentar caracterizar [...] imagens primordiais: são imagens que trazem à tona nosso lado primitivo".[17]

Na ordem de sua emergência ontológica, as imagens primordiais da arquitetura são: piso, cobertura, parede, porta, janela, lareira, escada, cama, mesa e banheira. É significativo que essa opinião pressuponha que a arquitetura nasça com o estabelecimento do piso, uma superfície horizontal, em vez da cobertura. Como foi res-

IMAGENS PRIMÁRIAS DA ARQUITETURA

No encontro artístico, a novidade ressoa com o arcaico. As mais profundas experiências de arquitetura nos levam de volta ao mundo animista e mítico inconsciente e originário; as imagens poéticas exalam uma sensação de vida e importância.

A janela articula o encontro do interior com o exterior e transforma a luz natural em uma luz moldada pela arquitetura. A lareira cria o centro de acolhimento, segurança e aconchego; a lareira de Gaudí é uma cavidade intimista que abraça o morador; ela exemplifica de maneira bela "como o mundo nos toca" (Merleau-Ponty).

Caspar David Friedrich, *Mulher Junto a uma Janela*, 1822. Óleo sobre tela, 44 × 37 cm. Galeria Nacional, Berlim.

A janela não é somente uma abertura na parede para a entrada da luz; ela é um instrumento delicado, um espaço de transição que articula a luz e a vista, a interioridade e a exterioridade.

Antoni Gaudí, Casa Battló, Barcelona, Espanha, 1904–6. Lareira do segundo pavimento.

A lareira não é tanto um deleite visual, uma vez que o calor se transforma em um espaço de intimidade que abraça o usuário.

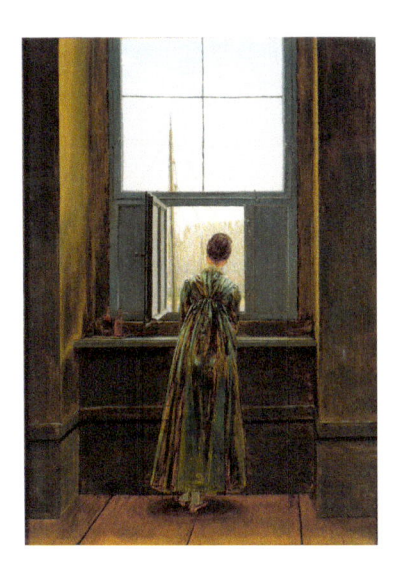

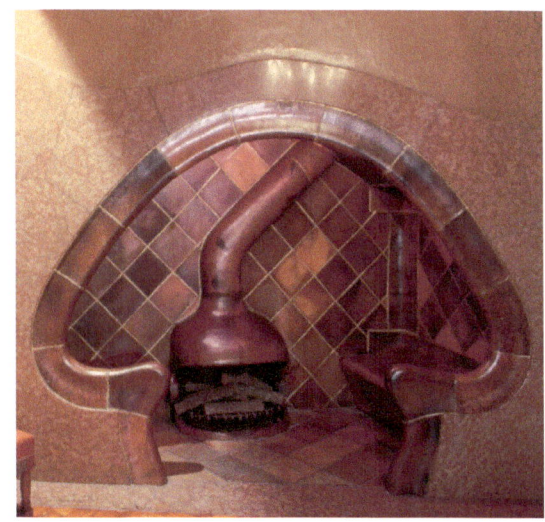

saltado anteriormente, as imagens de arquitetura profundas são atos, e não entidades ou objetos formais. Essas entidades permitem e convidam: o piso convida ao movimento, à ação e à ocupação; a cobertura projeta o abrigo, a proteção e as experiências de estar em um interior; a parede significa a separação de várias esferas e categorias de espaço, e cria, entre outras coisas, a privacidade e o segredo. Cada uma dessas imagens pode ser analisada em termos de sua ontologia, bem como de sua essência fenomenológica.

A experiência da arquitetura surge ontologicamente do ato de habitar e, consequentemente, as imagens de arquitetura primordiais podem ser identificadas de modo mais claro no contexto da casa, a moradia humana.

As categorias que geralmente são empregadas como fundamentais na análise da arquitetura, como espaço, estrutura, escala, materialidade ou luz, sem dúvida são importantes na constituição e experiência da arquitetura, mas não são imagens arquitônicas primordiais. Todas elas são relações e experiências existenciais de uma natureza composta articulada pela arquitetura. Esse argumento é uma opinião puramente ontológica que não visa a diminuir a importância e o poder de expressão desses aspectos da arquitetura. As categorias surgem como elaborações e articulações das imagens primordiais e também existem no exterior e independentemente da esfera da arquitetura. Noções como espaço e luz são conceitos generalizados e estão de acordo com a citação de Bachelard no Capítulo 2, "Entre o conceito e a imagem, não existe possibilidade de síntese".

O imaginário da janela e da porta

Várias partes da casa encontram ressonância no corpo humano. As janelas são os frágeis olhos da casa, que observam o mundo e inspecionam os visitantes. Uma janela quebrada é uma visão desagradável, o que advém da associação inconsciente que fazemos com um olho violado. As vidraças polarizadas e escurecidas das edificações contemporâneas são casas cegadas por alguma horrível doença contagiosa; elas também são olhos maliciosos que secretamente controlam até mesmo seus próprios habitantes.

Os olhos das casas pré-selecionam e preveem a paisagem, cumprindo o papel dos olhos humanos. As paisagens e vistas emolduradas e focadas pelas aberturas de uma casa obtêm identidade e significado especiais. O mundo visto através de uma janela é um mundo domado e domesticado. Uma vista através de uma janela já recebeu uma direcionalidade, escala e significado específicos. A casa proporciona proteção para o sonhador, mas somente as janelas lhe permitem sonhar com liberdade. Geralmente sonhamos com olhos fechados ou semifechados e, da mesma maneira, a janela de um cômodo de sonho tem de ser protegida por cortinas ou fechada por venezianas. A luz fraca e a visão fora de foco estimulam os sonhos e a imaginação. Ainda assim, é uma situação forçada sonhar em um espaço desprovido de janelas; a imaginação fica aprisionada e apenas consegue se libertar com a possibilidade da vista e da luz. É preciso um poder de concentração e intencionalidade especiais para que se consiga sonhar em um cômodo sem janelas. A imaginação humana deseja o céu e a linha do horizonte.

A utilidade e habitabilidade tornam a arquitetura um ato, um convite, e conferem-lhe a essência de um verbo. A esquadria da janela não é uma experiência de arquitetura, é apenas uma experiência de visão; olhar através da janela e, portanto, conectar dois mundos – o interno e o externo – transforma a imagem em uma autêntica experiência de arquitetura. Assim, o quadro *Mulher Junto a Uma Janela*, de Caspar David Friedrich, 1822 (Galeria Nacional, Berlim), é para os arquitetos uma lição suprema sobre o caráter particular da janela (ilustração, p. 129, à esquerda). A janela como um instrumento de mediação e a combinação de drama e sensualidade da transição mental de um domínio a outro são representadas de modo memorável; o interesse na questão física e no fato de a janela ser uma coisa é substituído pelo interesse no ato da observação. O próprio mastro de um barco direciona nossa consciência para o prazer de velejar e o vasto horizonte do mar.

De maneira similar, a porta e sua esquadria, não importa quais sejam seu esplendor visual e seu valor artesanal, não são genuínas experiências de arquitetura, ao passo que atravessar uma porta transforma a experiência em um profundo ato de arquitetura. A história da pintura oferece-nos inúmeras imagens sobre o caráter particular das portas.

Uma porta é, ao mesmo tempo, um sinal para parar e um convite para entrar. A porta principal da casa retém nossos corpos por meio de seu próprio peso, transforma a entrada em um ritual e faz com que prevejamos os cômodos e a vida que está por trás dela. A porta silencia, mas ela é ao mesmo tempo um signo das vozes ocultas tanto do interior como do exterior. Abrir uma porta é um encontro físico íntimo entre a casa e nosso corpo; o corpo encontra a massa, a materialidade e a superfície da porta, e a maçaneta, polida até brilhar, pelo uso frequente, oferece-nos um aperto de mãos receptivo e de familiarização.

Em contraste, as portas de vidro automáticas da atualidade tornam a entrada fisicamente conveniente, mas despojam o ato de entrar de todo seu significado existencial. O excesso de conveniência e funcionalismo geralmente costuma esvaziar a arquitetura de seu significado. Os eficientes sistemas de calefação central transformam a lareira em um mero luxo visual. É por isso que ambientes com alta tecnologia tendem a deixar nossas emoções frias e distantes; é como se eles fossem incapazes de convidar e estimular nosso imaginário primordial profundo. Uma porta adequada simultaneamente protege e convida, ela media gestos de sigilo e acolhimento, privacidade e convite, cortesia e dignidade. "Como tudo no mundo do espírito se torna concreto quando um objeto, uma mera porta, consegue transmitir imagens de hesitação, tentação, desejo, segurança, boas-vindas e respeito!", exclama Bachelard.[18]

A diluição das imagens

A própria transparência da porta contemporânea diminui sua força de criar imagens: a presença se tornou ausência; a solidez, transparência; e a porta se transformou em uma parede ausente ou, quem sabe, em uma janela. Esse desaparecimento da porta típica é um exemplo da diluição das imagens na arquitetura e da perda de seus profundos conteúdos primordiais que está ocorrendo no mundo moderno. O piso perdeu sua associação com o solo e se tornou uma laje horizontal artificial que apenas facilita a sobreposição funcional. O telhado se transformou em apenas mais um plano horizontal igual à laje de piso e perdeu seu caráter de cobertura protetora, seu aspecto de criatura agachada e seus gestos benignos. A parede abriu mão de sua espessura, solidez, materialidade, opacidade e mistério, e se tornou uma mera superfície sem peso ou uma transparência imaterial. A janela perdeu seu olhar focado e se tornou uma parede transparente, um elemento voyeurista. A porta se tornou uma mera abertura transparente que já não consegue ocultar e proteger. A lareira perdeu sua essência como uma fonte de calor protetor e deixou de ser um imã para a reunião familiar, um espaço de aconchego, se transformando em um mero quadro emoldurado – o fogo frio da casa contemporênea que também é vivenciado no forno de micro-ondas da cozinha. A escada se tornou um mero recurso prático que esqueceu a diferença entre acima e abaixo, subir e descer, Paraíso e Inferno. A cama já não tem sua essência de espaço secreto e íntimo, pois se tornou um palco horizontal aberto; e, por fim, a mesa perdeu seu poder de definição de centro, de lugar de comunhão com caráter sagrado, sendo relegada ao plano prosaico do ato apressado de comer, desprovido das reverberações comunitárias ou metafísicas.

Também não estou fazendo tais observações a fim de promover a nostalgia ou o pessimismo, mas para ressaltar as bases mentais do impacto emotivo em várias imagens da arquitetura. Como T. S. Elliot sabiamente nos lembra, a tradição não pode ser possuída, ela deve ser redescoberta e reinventada a cada nova geração.[19]

A imagem frágil

Nossa cultura ocidental aspira ao poder e à dominação. Essa busca também caracteriza a arquitetura que geralmente busca uma imagem vigorosa e impactante. Fazendo referência ao método filosófico que não aspira à redução da diversidade de discursos humanos a um único sistema, o filósofo italiano Gianni Vattimo introduziu as noções de "ontologia fraca" e "pensamento frágil" – *il pensiero debole* – na obra *The End of Modernity*.[20] A ideia de Vattimo parece estar relacionada ao método do "empirismo delicado" ("Zarte Empirie") de Goethe, um esforço "para entender o significado de algo por meio da prolongada observação empática e de sua compreensão baseada na experiência direta".[21] De acordo com Vattimo, podemos falar de uma arquitetura "fraca" ou "frágil", ou, quem sabe – sendo mais preciso –, de uma arquitetura com estrutura e imagem fracas, em oposição a uma arquitetura que tem uma estrutura e imagem fortes. Enquanto a segunda deseja nos impressionar por meio de uma única imagem espetacular e uma articulação consistente da forma, a primeira (a arquitetura frágil) é contextual e responsiva; ela se preocupa com a interação sensorial e não com as manifestações idealizadas e conceituais. Essa arquitetura cresce e se abre, em vez do processo reverso de se fechar do conceito para o detalhe. Devido às conotações negativas da palavra "fraca", talvez devamos usar a noção de "arquitetura frágil".

Em um ensaio intitulado "Weak Architecture",[22] Ignasi de Solà-Morales projeta as ideias de Vattimo sobre a realidade da arquitetura de uma maneira um pouco diferente de minha interpretação, afirmando que:

> No campo da estética, a experiência literária, pictórica e arquitetônica já não pode ser encontrada com base em um sistema: não um sistema econômico fechado, como aquele do período clássico [...] o universo artístico de nossos dias é percebido a partir de experiências que são produzidas em pontos discretos, diversos, heterogêneos ao máximo, e consequentemente nossa abordagem à estética sempre resulta na possibilidade de que, em última análise, a estética se transforme definitivamente em uma experiência central.[23]

Ele define como "evento" o ingrediente fundamental da arquitetura e conclui seu ensaio da seguinte maneira: "Esta é a força da fraqueza; aquela força que a arte e a arquitetura são capazes de produzir precisamente quando adotam uma postura que não é agressiva e dominadora, mas tangencial e fraca".[24]

Da mesma maneira, poderíamos falar de um "urbanismo frágil".[25] As tendências dominantes do planejamento urbano têm se baseado em estratégias fortes e em formas urbanas fortes, geralmente baseadas na geometria e na composição axial, enquanto as paisagens urbanas medievais, bem como os contextos urbanos de comunidades tradicionais, têm se desenvolvido com base em princípios frágeis e localizados. O domínio dos olhos reforça as estratégias fortes, enquanto os princípios frágeis de urbanismo geram uma paisagem urbana tátil, de intimidade e participação.

Uma "estrutura frágil" similar também tem surgido na literatura e no cinema; o novo romance francês, *le nouveau roman*, deliberadamente fragmenta a progressão linear da narrativa e a abre para interpretações possíveis. Os filmes de Michelangelo Antonioni e Andrei Tarkovsky, da mesma maneira, exemplificam uma narrativa cinemática frágil, baseada na descontinuidade, na câmera que se desvia e na improvisação repetida. Tal técnica cria uma distância proposital entre a imagem e a narrativa, com a intenção de enfraquecer a lógica do enredo e, consequentemente, criar um campo associativo de imagens reunidas. Em vez de ser um espectador externo do evento narrado, o leitor/observador se torna participante, alguém que aceita a responsabilidade moral pela progressão dos eventos.[26]

Um "enfraquecimento" distinto da imagem arquitetônica ocorre por meio dos processos de desgaste e ruína. A erosão remove as camadas de utilidade, lógica racional e articulação de detalhes de uma edificação, lançando-a na esfera da inutilidade, nostalgia e melancolia. A linguagem da matéria desbanca o efeito visual e formal, e a edificação atinge um intimismo máximo. A arrogância da perfeição é substituída pela vulnerabilidade humanizadora. Sem dúvida é por esse motivo que artistas, fotógrafos, cineastas e diretores de teatro costumam utilizar imagens de arquitetura erodida e abandonada a fim de evocar uma sutil atmosfera emocional.

Um enfraquecimento similar da lógica da arquitetura ocorre na reciclagem de uso e renovação de edifícios. A inserção de novas estruturas funcionais e simbólicas cria um curto-circuito na lógica arquitetônica inicial de uma edificação e revela modos de experiência emocionais e expressivos inesperados e não ortodoxos. Os ambientes de arquitetura que distribuem ingredientes contraditórios geralmente apresentam um charme especial. Frequentemente o mais agradável dos museus, escritórios ou espaços residenciais é aquele que é criado por meio da reciclagem de um prédio.

A abordagem ecológica também favorece uma imagem adaptativa, paralela à debilidade inerente dos processos de adaptação ecológica. A fragilidade ecológica se reflete em muitas obras de arte contemporânea, por exemplo, nas obras poéticas de Richard Long, Hamish Fulton, Wolfgang Laib, Andy Goldsworthy e Nils-Udo, tudo inserido em um sutil diálogo com a natureza. Mais uma vez, os artistas dão um exemplo inspirador para os arquitetos.

A arte da jardinagem é uma forma de arte por sua própria natureza envolvida com o tempo, a mudança e a imagem frágil. Por outro lado, o jardim geométrico exemplifica a tentativa de domesticar a natureza em padrões geométricos e ordenadores criados pelo homem. As tradições do paisagismo e da jardinagem oferecem uma inspiração para uma arquitetura livre dos condicionantes da imagem geométrica e forte. Os modelos biológicos – chamados de biomimetismo, biônica e biofilia – já entraram em vários campos da ciência, medicina e engenharia. Por que eles não seriam válidos na arquitetura?

A arquitetura do jardim japonês, com sua diversidade de temas paralelos e relacionados entre si fundidos com a natureza, e sua sutil justaposição de morfologias naturais e artificiais, é um exemplo inspirador do poder estético da forma frágil (ilustração, página 43, Jardim Ryoan-ji kare-sansui, O Templo do Dragão Pacífico, Quioto). A arquitetura incrivelmente sensível e estimulante dos caminhos de pedestre de Dimitris Pikionis que levam à Acrópole de Atenas (1954–7), a cascata abstrata da Fonte de Ira, de Lawrence Halprin (1970), em Portland, Oregon, e os ambientes de arquitetura de Carlo Scarpa, meticulosamente trabalhados, são exemplos contemporâneos de uma arquitetura que nos coloca em uma relação diferente perante o espaço, a forma e o tempo do que a arquitetura da geometria forçada. Esses são exemplos de uma arquitetura cujo poder total não se baseia em apenas um conceito ou uma imagem. A obra de Pikionis é um denso diálogo com o tempo e a história, ao ponto de o projeto parecer ser produto da tradição anônima do acaso, sem chamar atenção alguma a seu criador individual (ilustração, página 136, Dimitris Pikionis, Caminho de Pedestre, Colina de Filopapo, Atenas, Grécia). Os projetos de Halprin exploram os limites entre a arquitetura e a natureza; eles têm a naturalidade informal das cenas da natureza, emboram sejam lidos como contrapontos feitos pelo homem ao mundo geológico e orgânico (ilustração, página 136, Lawrence Halprin, Pra-

136   A Imagem Corporificada

IMAGENS "FRÁGEIS" NA ARQUITETURA

A tradição da arquitetura ocidental tem buscado imagens formidáveis, controladoras e intolerantes baseadas na autoridade da linguagem geométrica e da lógica da forma. As tradições vernaculares ao redor do mundo geralmente evocam uma ambiência informal e não autoritária.

A história da arquitetura moderna e contemporânea também contém projetos que se baseiam em uma elaboração formal "fraca" ou "frágil". Essas obras nos convidam como participantes e abrem narrativas de arquitetura espontâneas.

Dimitris Pikionis, Caminho de Pedestre, Colina de Filopapo, Atenas, Grécia, 1954-7.
O projeto parece uma coleta acidental de pedras encontradas no terreno.

Lawrence Halprin, Praça do Antepátio do Auditório, Portland, Oregon, 1961.
A fonte tem uma geometria claramente artificial, mas mesmo assim apresenta o acaso, a riqueza e a ambiência descontraída dos ambientes naturais.

ça do Antepátio do Auditório, Portland, Oregon, 1961). A arquitetura de Scarpa estabelece um diálogo entre conceito e criação, visualização e tatilidade, design e artesanato, invenção artística e tradição. Embora seus projetos frequentemente pareçam carecer de uma ideia dominante, eles criam uma impressionante e intensa experiência de descoberta arquitetônica e cortesia (ilustração, página 72, Carlo Scarpa, Museu do Castelvecchio, Verona).

A imagem forte na arte aspira ao artefato perfeitamente articulado e final. Esse é o ideal estético de Alberti da perfeição da obra de arte. Por definição, uma imagem forte tem tolerância mínima a mudanças e, consequentemente, contém uma vulnerabilidade estética inerente em relação às forças do tempo. Uma gestalt frágil, por outro lado, permite acréscimos e alterações; uma forma frágil possui tolerância estética, abre margem para mudanças. O critério da tolerância também ocorre no nível psicológico; os projetos contemporâneos são frequentemente tão limitados em suas estéticas exclusivas que criam um senso hermético e arrogante de isolamento e autismo, enquanto uma imagem frágil projeta uma espontaneidade e um senso de relaxamento estético.

Ao longo do processo de projeto, a imagem forte é obrigada a simplificar e a reduzir a multiplicidade de problemas e questões práticas, a fim de condensar a diversidade amorfa de aspectos e exigências da tarefa de projeto em uma imagem singular. Uma imagem tão forte é frequentemente alcançada por meio de uma severa censura e supressão funcional e psicológica; a clareza da imagem frequentemente contém uma repressão oculta.

John Ruskin acreditava que "a imperfeição é, de certa maneira, essencial a tudo que conhecemos na vida. É o signo da vida em um corpo mortal, ou seja, de um estado de processo e mudança. Nada que vive é, ou pode ser, rigidamente perfeito; parte dele está se decompondo, parte nascendo... E em todas as coisas que vivem há certas irregularidades e deficiências, que não são apenas sinais da vida, mas fontes de beleza".[27] Alvar Aalto trabalhou a ideia de Ruskin ao falar do "erro humano" ou do "erro benigno", argumentando que o erro humano sempre foi parte da arquitetura. "Em um senso mais profundo, ele tem inclusive sido indispensável para possibilitar que as edificações expressem totalmente a riqueza e os valores positivos da vida."[28]

O projeto de arquitetura geralmente aspira à continuidade de ideias e à articulação ao longo de toda a sua elaboração, enquanto o imaginário frágil busca descontinuidades deliberadas. O processo de projeto de Alvar Aalto, por exemplo, produz diferenças e descontinuidades em vez de uma lógica unificadora. Alguns de seus melhores prédios consistem em episódios ou eventos de arquitetura, em vez de seguirem uma única ideia formal ou lógica ao longo de todo o projeto. Aalto também era mestre em transformar alterações de projeto de última hora ou erros de construção em brilhantes improvisações de detalhes. Essas mudanças de última hora não seriam possíveis em um processo de projeto baseado em uma lógica fechada.

Novidade e tradição

Nossa obsessão atual com a novidade e a singularidade como os únicos critérios para a qualidade arquitetônica está destituindo a arquitetura de sua base mental e experimental, tornando-a um produto fabricado do imaginário visual. Os produtos atuais de virtuosismo na arquitetura podem nos surpreender, mas em geral são incapazes de tocar nossas almas, pois sua expressão é desvinculada das bases existenciais e primordiais da experiência humana e perdeu seus fundamentos e ecos ontológicos. A maneira de recarregar as imagens da arquitetura com força emotiva é reconectá-las à sua essência oncológica e ao impacto primordial sobre a mente humana. Precisamos pensar na "psique da forma", para usar uma expressão do jovem Alvar Aalto.[29]

O imaginário poético na música, poesia, pintura e arquitetura também advem de uma base existencial e experimental atemporal que é visto e experimentado por meio das sensibilidades de hoje. A arte trata fundamentalmente da experiência de ser humano e estar vivo, em vez de ser um objeto de especulação intelectual ou formal. Imagens poéticas não são fabricadas – elas são encontradas, reveladas e articuladas. Esse é o motivo pelo qual a mera novidade acaba sendo um critério superficial de qualidade artística.

A tradição é uma impressionante sedimentação de imagens e experiências e não pode ser inventada – ela apenas pode ser vivida. Ela se constitui em uma infinita escavação de mitos, memórias, imagens e experiências internalizadas e compartilhadas. A tradição é o sítio arqueológico das emoções. Uma imagem artística que não deriva desse solo mental está fadada a permanecer uma mera fabricação sem raízes, uma citação da enciclopédia de invenções formais, e está destinada a murchar sem ter como fertilizar mais uma vez o solo e o *continuum* de uma tradição renovada e assim se tornar parte dela. O artista ou arquiteto deve estar em contato com as origens primordiais e inconscientes do imaginário poético a fim de criar imagens que podem se tornar parte de nossas vidas, imagens que nos comovem pela sutileza e pelo frescor de sua autêntica novidade. "A fim de descobrir algo novo, devemos estudar o que é mais velho", costumava ensinar meu professor e mentor Aulis Blomstedt, na década de 1960.[30] Louis Kahn também viu que a criatividade surge da dialética entre o eterno e o temporário.

Referências

1 Gaston Bachelard, *The Poetics of Space*, Beacon Press (Boston), 1969, p. 46.
2 *Ibid.* p. 6.
3 *Ibid.* p. 72.
4 Marilyn R. Chandler, *Dwelling in the Text: Houses in American Fiction*, University of California Press (Berkeley, Los Angeles, Oxford), 1991, p. 2.
5 *Ibid.* p. 3.
6 George Lakoff and Mark Johnson, *Metaphors We Live By*, University of Chicago Press (Chicago and London), 1980, p. 3.
7 Martin Heidegger, *Poetry, Language, Thought*, Harper & Row (New York, Hagerstown, San Francisco, London), 1975, p. 42.
8 *Ibid.* p. 43.
9 Louis I. Kahn, parafraseando Wallace Stevens em "Harmony Between Man and Architecture", *Louis I. Kahn: Writings, Lectures, Interviews*, edited by Alessandra Latour, Rizzoli International Publications (New York), 1991, p. 343.
10 Karsten Harries, "Thoughts on a Non-Arbitrary Architecture", em David Seamon, editor, *Dwelling, Seeing and Designing: Toward a Phenomenological Ecology*, State University of New York Press (Albany), 1993, p. 47.
11 Como citado em Bachelard, *The Poetics of Space*, 1969, 137.
12 Rainer Maria Rilke, *The Notebooks of Malte Laurids Brigge*, WW Norton & Company (New York and London), 1992, p. 30–1.
13 Sonho de C. G. Jung publicado em Clare Cooper, "The House as a Symbol of Self", em J. Lang, C. Burnette, W. Moleski & D. Vachon, editors, *Designing for Human Behavior*, Dowden, Hutchinson & Ross (Stroudsburg, PA), 1974, p. 40–41.
Outra versão do sonho é apresentada em Carl G. Jung, "Approaching the Unconscious", Carl G. Jung et al., editors, *Man and His Symbols*, Laurel (New York), 1964, p. 42–3.
14 Jean-Paul Sartre, *The Emotions: Outline of a Theory*, Carol Publishing Group. (New York), 1993, p. 9.
15 Como citado em Bachelard, *The Poetics of Space*, 1969, p. 91.
16 Gabriele d'Annunzio, *Contemplazione della morte*, Treves (Milão), 1912, p. 17–18.
17 Bachelard, *The Poetics of Space,* 1969, p. 91.
18 *Ibid.* p. 224.
19 T. S. Eliot, "Tradition and the Individual Talent", *Selected Essays*, Harcourt, Brace & Company (New York), 1950.
20 Vattimo apresentou a noção no final da década de 1970. A ideia foi desenvolvida em um volume de ensaios intitulado *Il pensiero debole* e editado por Vattimo em colaboração com Pier Aldo Rovatti. Vattimo também discute a noção em seu livro *The End of Modernity*, Johns Hopkins University Press (Baltimore, MD), 1991.
21 "Há um empirismo delicado que se torna absolutamente idêntico ao objeto, desse modo se tornando uma verdadeira teoria", *Goethe: Scientific Studies*, Princeton University Press (New York), 1934, p. 307.
22 Ignasi de Solà-Morales, *Differences: Topographies of Contemporary Architecture*, MIT Press (Cambridge, MA), 1997, p. 57–70.
23 *Ibid.* p. 58, 60.
24 *Ibid.* p. 70.
25 Simon Hubacker, "Weak Urbanism", *Daidalos 72* (1999), p. 10–17.
26 Veja Juhani Pallasmaa, *The Architecture of Image: Existential Space in Cinema*, Rakennustieto Oy (Helsinki), 2001, p. 123–5.
27 John Ruskin, *The Lamp of Beauty: Writings on Art by John Ruskin*, Joan Evans, editor, Cornell University Press (Ithaca, NY), 1980, p. 238.
28 Alvar Aalto, "The Human Factor", em Göran Schildt, *Alvar Aalto in His Own Words*, Otava Publishing Company (Helsinki), 1997, p. 281.
29 Alvar Aalto, "Abbé Coignard's Sermon", em Göran Schildt, *Alvar Aalto In His Own Words*, 1997, p. 57.
30 Aulis Blomstedt, arquiteto e professor finlandês (1906–79). Blomstedt foi professor de Arquitetura na Universidade de Tecnologia de Helsinki entre 1958–66.

Bibliografia Selecionada

Aumont, Jacques, *The Image*, British Film Institute (London), 1997.

Bachelard, Gaston, *Air and Dreams: An Essay on the Imagination of Movement* (1943), Dallas Institute Publications (Dallas, TX), 1988.

Bachelard, Gaston, *The Flame of a Candle* (1961), Dallas Institute Publications (Dallas, TX), 1988.

Bachelard, Gaston, *The Poetics of Reverie: Childhood, Language, and the Cosmos* (1960), Beacon Press (Boston), 1971.

Bachelard, Gaston, *The Poetics of Space* (1958), Beacon Press (Boston), 1969.

Bachelard, Gaston, *The Right to Dream* (1970), Dallas Institute Publications (Dallas, TX), 1983, fifth printing.

Bachelard, Gaston, *Water and Dreams: An Essay On the Imagination of Matter* (1942), Dallas Institute Publications (Dallas, TX), 1999, third printing.

Bachelard, Gaston, *On Poetic Imagination and Reverie*, translated and introduced by Colette Gaudin, Spring Publications (Dallas, TX), 1998, third printing.

Casey, Edward S, *Imagining: A Phenomenological Study*, Indiana University Press (Bloomington and London), 1976.

Damasio, Antonio R, *Descartes' Error: Emotion, Reason, and the Human Brain*, Harper Collins Publishers (New York), 1994.

Dewey, John, *Art As Experience* (1934), Perigee Books (New York), 1980.

Ehrenzweig, Anton, *The Hidden Order of Art* (1967), Paladin (Frogmore, St Albans), 1973.

Ehrenzweig, Anton, *The Psychoanalysis of Artistic Vision and Hearing: An Introduction to a Theory of Unconscious Perception* (1953), Sheldon Press (London), 1975, third edition.

Fish, William, *Philosophy of Perception: A Contemporary Introduction*, Routledge (New York and London), 2010.

Gallagher, Shaun and Zakavi, Dan, *The Phenomenological Mind: An Introduction to Philosophy of Mind and Cognitive Science*, Routledge (London and New York), 2008.

Gallagher, Shaun, *How the Body Shapes the Mind*, Clarendon Press (Oxford), 2006.

Gibbs, Raymond, W Jr, *Embodiment and Cognitive Science*, Cambridge University Press (Cambridge, New York, Melbourne, Madrid, Cape Town, Singapore, Sao Paulo), 2005.

Heidegger, Martin, *Poetry, Language, Thought* (1971), Harper & Row (New York, Hagerstown, San Francisco, London), 1975.

Hildebrand, Grant, *Origins of Architectural Pleasure*, University of California Press (Berkeley, Los Angeles, London), 1999.

Jung, Carl G, *Man and His Symbols*, Laurel Books (New York), 1968.

Kearney, Richard, *Poetics of Imagining: From Husserl to Lyotard*, Harper Collins Academic (London), 1991.

Kearney, Richard, *The Wake of Imagination*, Routledge (London), 1994.

Mallgrave, Harry Francis, *The Architect's Brain: Neuroscience, Creativity and Architecture*, John Wiley & Sons (Chichester, West Sussex), 2010.

McClatchy, JD, editor, *Poets on Painters*, University of California Press (Berkeley, Los Angeles, London), 1988.

Merleau-Ponty, Maurice, *The Visible and the Invisible*, Northwestern University Press (Evanston, IL), 1968.

Modell, Arnold H, *Imagination and the Meaningful Brain*, MIT Press (Cambridge, MA and London, UK), 2006.

Onians, John, *Neuroarthistory: From Aristotle and Pliny to Baxandall and Zeki*, Yale University Press (New Haven and London), 2007.

Rentschler Ingo, Herzberger, Barbara, and Epstein, David, *Beauty and the Brain in Biological Aspects of Aesthetics*, Birkhäuser (Basel), 1988.

Sartre, Jean-Paul, *Imagination: A Psychological Critique* (1936), The University of Michigan Press (Ann Arbor), 1972.

Sartre, Jean-Paul, *The Emotions: Outline of a Theory* (1948), Carol Publishing Group (New York), 1993.

Sartre, Jean-Paul, *The Imaginary* (1940), Routledge (London and New York), 2010.

Sartre, Jean-Paul, *The Psychology of Imagination*, Citadel Press (Secaucus, NJ), 1948.

Scarry, Elaine, *Dreaming by the Book*, Princeton University Press (Princeton, NJ), 2001.

Strømnes, Frode J, *The Fall of the Word and the Rise of the Mental Model*, Peter Lang (Frankfurt am Main), 2006.

Varela, Francisco J, Thompson, Evan, and Rosch, Eleanor, *The Embodied Mind: Cognitive Science and Human Experience*, MIT Press (Cambridge, MA and London, UK), 1993.

Wilson, Edward O, *Biophilia: The Human Bond with Other Species*, Harvard University Press (Cambridge, MA and London, UK), 1984.

Zeki, Semir, *Inner Vision: An Exploration of Art and the Brain*, Oxford University Press (Oxford), 1999.

Créditos das Imagens

O autor e o editor são extremamente gratos às pessoas que deram sua permissão para reproduzir materiais neste livro. Embora tenha sido feito todo o esforço possível para contatar os detentores dos direitos autorais a fim de obter suas permissões para republicação de materiais, os editores ficarão agradecidos se forem contatados por quaisquer detentores de direitos autorais que não tenham sido mencionados nesta obra e tomarão as medidas necessárias para retificar qualquer erro ou omissão em edições futuras.

e= esquerda, d= direita, ac= acima, ab= abaixo

Imagem da capa © ADAGP, Paris and DACS, London 2010

p. 21 (e) © Peter Newark Military Pictures/The Bridgeman Art Library

p. 21 (d) © Sigurdur Gudmundsson, cortesia do artista e da galeria i8

p. 27 (e) © Claudio Abate, Rome

p. 27 (d) © ADAGP, Paris and DACS, London, 2010

p. 30 (e) © Summerfield Press/Corbis

p. 30 (d) *A Arte da Pintura*, c. 1666–67 (óleo sobre tela), de Vermeer, Jan (1632–75) Kunsthistorisches Museum, Vienna, Austria / The Bridgeman Art Library Nationality / *status* dos direitos autorais: obra holandesa / sem direitos autorais

p. 33 (e) © Digital image, The Museum of Modern Art, New York/Scala, Florence, 2010

p. 33 (d) © Natural History Museum, Vienna or NHM, Vienna

p. 43 (e) © Digital image, The Museum of Modern Art, New York/Scala, Florence, 2010 e ADAGP, Paris and DACS, London 2010

p. 43 (d) © Michael S. Yamashita/Corbis

Créditos das Imagens

p. 45 (e) © The Gallery Collection/Corbis

p. 45 (d) © Giraudon / The Bridgeman Art Library and ADAGP, Paris e DACS, London 2010

p. 47 (e) © David Churchill/Arcaid/Corbis

p. 47 (d) © Andrey A. Tarkovsky

p. 49 (e) © Laleh Bakhtiar

p. 49 (d) © Sigurdur Gudmundsson, cortesia do artista e da galeria i8

p. 52 (e) © The Bridgeman Art Library, ADAGP, Paris e DACS, London 2010

p. 52 (d) © Rauno Träskelin

p. 56 (e) © Bettmann/Corbis

p. 56 (d) © The Bridgeman Art Gallery

p. 59 (ac, d) © FLC/DACS 2010

p. 59 (ab) © DACS 2010

p. 62 (e) © Alen MacWeeney/Corbis

p. 62 (d) © Louis I. Kahn Collection, The University of Pennsylvania e Pennsylvania Historical and Museum Commission

p. 69 (e) © Coleção de Sue Ann Kahn

p. 69 (d) © Andrew Holbrooke/Corbis

p. 70 (d) © Gustaf Welin, Alvar Aalto Museum, década de 1930

p. 72 (e) © Martin Hecl

p. 72 (d) © Klaus Frahm/arturimages

p. 74 (e) © Por cortesia dos curadores do Sir John Soane's Museum

p. 74 (d) © Rauno Träskelin

p. 76 (e) © The Allan Casanoff Collection/Bridgeman Art Library e 2010 Estate of Gordon Matta-Clark/Artists Rights Society (ARS), New York, DACS, London

p. 76 (d) © Studio Daniel Libeskind

p. 85 (e) © Art Resource, NY/Scala, Florence, 2010

p. 85 (d) © Rauno Träskelin

Créditos das Imagens 145

p. 87 (e) © DACS/The Bridgeman Art Library 2010

p. 87 (d) © Peter Cook/View Pictures

p. 94 (e) © The Bridgeman Art Gallery

p. 94 (d) © Seppo Hilpo

p. 96 (e) © Michel Danancé

p. 96 (d) © Glenn Murcutt

p. 98 (e) © Tadao Ando Architect & Associates

p. 98 (d) © Digital Image, Lorenze Kienzle/The Museum of Modern Art, New York/ Scala, Florence 2010 e ARS, NY e DACS, London 2010

p. 100 (e) © 2010 Barragan Foundation, Birsfelden, Switzerland / ProLitteris / DACS

p. 100 (d) © ARS, NY and DACS, London 2010

p. 103 (e) Cortesia de Steven Holl Architects

p. 103 (d) © Atelier Zumthor and Partner, Haldenstein

p. 105 (e) © Fotografia cortesia de Alejandro Lapunzina

p. 105 (d) © Niklas Lähteenmäki e Teemu Nojonen

p. 112 (e) © Severi Blomstedt

p. 112 (d) Imagem das barras de música, imagem da maquete © Steven Holl Architects

p. 122 (e) © Image Source/Corbis

p. 122 (d) © Cortesia de Geneviève Calame-Griaule

p. 126 (e) © 2010 Digital Image, The Museum of Modern Art, New York/Scala, Florence, e Louise Bourgeois Trust/DACS, London/VAGA, New York, 2010

p. 126 (d) © Generali Foundation Collection, Vienna

p. 129 (e) © Photo Scala, Florence/BPK, Bildagentur fuer Kunst, Kultur und Geschichte, Berlin, 2010

p. 129 (d) © Kurt-Michael Westermann/Corbis

p. 136 (e) © Mark Treib

p. 136 (d) © Felice Frankel

p. 146 © Juhani Pallasmaa

Uma imagem corporificada que toca diretamente nosso sistema muscular e esquelético: os sawatari-ishi, ou "degraus através do banhado", no jardim do Templo Heian, em Quioto.

Índice

Os números em *itálico* se referem às figuras.

A

a casa e o corpo 124-126
A Vênus de Willendorf (também conhecida como *A Mulher de Willendorf*) *31-32*
Aalto, Alvar 52, 66-67, 84, 110, 137
    Casa Experimental em Muuratsalo, Finlândia 73-74, *75-76*
    Prefeitura de Säynätsalo 73-74
    Sanatório para Tuberculosos, Paimio 71-72
    Villa Mairea, Noormarkku, Finlândia 52, *53*, 73-74, 84, 85
abordagem ecológica 134-136
Abramović, Marina 113-114
abstração 55-57, 62-64
abstrato 110
Academia de Música de Viena 111
Acrópole de Atenas 121-122, *123*, 135-136
afeto 69-72
água *49, 50*
Albers, Josef 48
Amichai, Yehuda 67-68
Ando, Tadao 98-99
    Casa Kidosaki, Setagaya-ku, Tokyo *97-98*
Antonioni, Michelangelo 134-135
    Além das Nuvens 88
    Profissão: Repórter 95-96
Arca Mítica, tribo dogon *123*
Aristóteles 31-32
    Poética 66-67
Arnaud, Noel 125
Arnheim, Rudolf 33-34

arquétipo 128-130
arquitetura 118
    como mediadora 42-43
    como verbo 123-125
    destruído 75-78
    diferença ontológica com a arte 104
    e o mundo 118-120
    "franqueada" 19-20
    fusão com a arte 97-99
    ideia 109
    ponto de origem 102-103
    viabilidade 16-19
arquitetura frágil 133-137
arquitetura *high-tech* 57, 82, 97-98
arte
    como metáfora existencial 104-106
    e vida 110-114
    essência original 101-102
    fusão com arquitetura 97-99
    pensamento por meio da arte 106-108
arte não figurativa 55
arte rupestre 109
Ashraf, Khaleed 68-70
atenção 65-66
autenticidade 11-12

B

Bachelard, Gaston 12, 31-32, 36-37, 46-47, *49*, 64-65, 67-68, 78-82, 96-97, 104, 118-119, 129-132
    The Philosophy of No: A Philosophy of the New Scientific Mind 46

The Psychoanalysis of Fire 49
Water and Dreams 49
Balé Russo 63-64
Ballard, J.G., *Crash* 22
Balthus (Balthasar Klossowski de Rola) 63-64
Banham, Reyner, 'Home Is Not a House' 82
Barragán, Luis 50, 100, *101*, 102
Barthes, Roland 14
Bartók, Béla, *Music for Strings, Percussion and Celeste* 111, *112-113*
Baudelaire, Charles 36-37, 110
Bayer, Herbert, capa da revista Bauhaus (1928) *58*
beleza 113-115
Benjamin, Walter 57
Berenson, Bernard 53
Berger, John 19-20
Bíblia, Evangelho Segundo São João 30
Biblioteca Britânica, Londres 64-65
biologia do significado 108-109
bizantino 83
Blomstedt, Aulis 60-61, *112-113*, 138
    Cânone 60 111, *112-113*
Bonnard, Pierre, *Nu na Banheira* 52, *53*
Borges, Jorge Luis, *O Duelo* 94-96
Bosch, Hieronymus 82
Bouffes du Nord, Paris 76-77
Bourgeois, Louise, *Mulher-Casa* 125, *127-128*
brancura 47
Brancusi, Constantin 57, 106-107
    Pássaro no Espaço 44, *45*
Braque, Georges 107
Breton, André 82-83
Brodsky, Joseph 107, 113-115
Brook, Peter 76-77
Buckminster Fuller, Richard 82

C

Calvino, Italo 14
Caravaggio 98-99
Carpelan, Bo *112-113*
Carr, Nicholas, 'Is Google Making Us Stupid?' 16-17
Casa de Ópera de Sydney 94-95
Casa Francisco Gilardi, Cidade do México *101*
Casey, Edward S. 31-32, 35-37
Castoriadis, Cornelius 29
    World in Fragments 54
Cather, Willa 120
Cézanne, Paul *112-113*
Chagall, Marc 79-80
Chandler, Marilyn R., *Dwelling in the Text* 120
Chareau, Pierre 82
    Casa de Vidro, Paris 83, 104, 106-107
Chauvet, Alberto *101*
Chillida, Eduardo 48-49

Chipperfield, David, Museu Novo, Berlim 73-74
cobra Uróboro 108
Cocteau, Jean, *Orphée* 80-81
colagem 71-74
Commedia dell'Arte 63-64
condensação 55-57
Construtivismo russo 82
corpo 124-126
corpo e mente, dualidade 107
Cubismo 73-74
Cúpula da Casa Soane (Museu), Lincoln's Inn Fields, Londres 73-74, *75-76*

D

d'Annunzio, Gabriele 128-129
da Vinci, Leonardo 74-76
Davenport, Guy 63-64
Debord, Guy, *The Society of Spectacle* 18-20
della Francesca, Piero 79-80
destruição 74-78
Dewey, John, *Art As Experience* 52-53
diferença ontológica 96-100
Dinggedicht 73-74
Dogon, tribo 61-62, 123
Dostoevsky, Fyodor, *Crime e Castigo* 70-71
dualismo 92-100
Durand, J.N. 97-98

E

Eames, Charles, Casa Eames, Santa Monica, Califórnia 83
Eco, Umberto 23
Ehrenzweig, Anton *41-42*, 55-57
    The Hidden Order of Art 65-66
Einstein, Albert 33-34, 57
Eliot, T. S. *68-69*, 101-102
empatia 69-72
Encore 20-21
épico 84-87
espetáculo 18-20
estética 113-115
Evans, Will, *Cozinha de Fazendeiro* 84
Expressionismo alemão 18-19, 82

F

Fagioulis, Ettore (e Angelo Invernizzi), Vila Girasole, Marcellise, Verona 83
Farnsworth, Edith 87-88
Faulkner, William 120
fauvismo 128-129
Fehn, Sverre 102
    Museu da Catedral de Hedmark, Hamar 73-74

Fichte, J. G. 10
Fieldman, Morton, *Padrões em um Campo Cromático* 112-113
filme 60-62, 88, 113-114
Flaubert, Gustave 29
fogo 49
Fondakowski, Leigh 12
Fonte no Jardim de Fin Bagh-e, Kshn, Irã 49
Foster, Norman 82
France, Anatole 36-37
Freud, Sigmund 58, 128-129
Friedman, Yona 82
Friedrich, Caspar David, *Mulher Junto a uma Janela* 124-125, *128-129*, 131-132
Fulton, Hamish 135-136

G

Galton, Francis 31
Gandy, Joseph, Cúpula da Casa Soane (Museu), Lincoln's Inn Fields, Londres 75-76
Gaudí, Antoni, Casa Battló, Barcelona 124-125, *128-129*
Gauldie, Sinclair 58
Gérard, François, *Cupido e Psique* 94-95
Giorgione, *Tempestade* 64-65
Goethe, J. W. von 53
Goldsworthy, Andy 135-136
Grande Exposição (1851) 82
Griaule, Marcel *123*
Grimshaw, Nicholas 82
Gudmundsson, Sigurdur
   Composição 49

H

Halprin, Lawrence, Praça do Antepátio do Auditório, Portland, Oregon 135-136, *137*
Hamilton, Ann 113-114
Harries, Karsten 78-79, 123
Heidegger, Martin 31, *85*, 104, 121-122
Hildebrand, Grant 44
historicidade das imagens 126-129
Hohlwein, Ludwig, *Und Du? (E Você?)* 20-21
Holl, Steven *102*-103, 111, *112-113*
   Casa Stretto, Dallas, Texas 111, *112-113*
   Centro Knut Hamsun, Hamarøy, Noruega *102*
   Escritórios da Sarphatistraat, Amsterdã 111-113
Hollein, Hans 82
Homer 29
Horn, Rebecca 113-114
Hrabel, Bohumil 41-42
Hugo, Victor, *Notre Dame de Paris* (1831) 17-18

I

ícone, icônico 83-84, 93-95
ilusão 79-83
imagem 10
   civilização 14-15, 17-18
   controle e emancipação 20-22
   diluição 132-133
   fortes 136
   hegemonia 14-16
   noções 40-88
   produção 16-19
   significados 31-35
imagem arquetípica 58-62
imagem corporificada 11, 40-46
imagem filosófica 31-32
imagem frágil 132-137
imagem inconsciente 64-67
imagem multissensorial 50-54
imagem organizadora 121-123
imagem poética 11, 40-42, 47, 49, 85-87, 92-93, 137
   a casa e o corpo 125-126
   como mundos 87-88
   existência dual da 92-97
imagem vivenciada 40-46
imagens primordiais e arquétipos 128-131
imaginação 10
   desaparecimento 15-17
   natureza 35-37
   significados 31-35
incompletude 74-78
instalações 113-114
Invernizzi, Angelo (e Ettore Fagioulis), Vila Girasole, Marcellise, Verona 83
Irwin, Robert 100, *101*

J

James, Henry 120
James, William 34-35
janela 130-132
Jarrell, Randall 79-80, 98-99
Johnson, Mark 34-35, 121
   Metaphors We Live By (e George Lakoff) 67-68
Johnson, Phillip 82
Jung, C.G. 58, 126, 128-129

K

Kahn, Louis I. 102, 104, 122-125, 138
   Edifício do Parlamento Nacional, Daca, Bangladesh 62-63, *63-64*, 68-69
   Salão Hipostilo, Templo de Amon, Carnac, Egito *68-69*
Kandinsky, Wassily 33-34
Kayser, Hans 111, *112-113*

Kearney, Richard 14-16, 31-32, 69-71
Kepes, Gyorgy 33-34
Khan, Murur Rahman 68-69
Kiefer, Anselm 48
Klee, Paul 33-34
Klein, Melanie 40-42
Koestler, Arthur 51
Kolar̆, Jir̆i 72-73
   A conferência dos pássaros 73-74
Kounellis, Jannis 48
   Porta Murata 26-27
Krauss, Rosalind, 'Sculpture in the Expanded Field' 110
Kundera, Milan 78-79

L

Laib, Wolfgang 135-136
Lakoff, George 34-35, 121
   Metaphors We Live By (e Mark Johnson) 67-68
Lang, Fritz, *M, o Vampiro de Dusseldorf* 95-96
Lawrence, D. H. 112-113
Le Corbusier 111
   Casa Curutchet, La Plata, Argentina 104, 105-106
   'Trois rappels a Messiuers les Architectes' 58
   Villa Savoye, Poissy 47, 64-65, 83
Lewerentz, Sigurd 102
LeWitt, Sol 60-61
Liebeskind, Daniel, Ampliação do Museu Vitória e Alberto, Londres 75-76, 76-77
linguagem 10-11, 26-31
livros 17-18
Long, Richard 135-136

M

madeira 48
Magritte, René 26
   A Noite Cai 80-81
   Ceci n'est pas une pomme 26-27
   O Domínio de Arnheim 80-81
Malaparte, Curzio, Casa Malaparte, Capri 83, 104-106
Malevich, Kazimir, *Quadrado Preto* 57, 84
Malkovich, John 88
Mallgrave, Harry Francis, *The Architect's Brain: Neuroscience, Creativity and Architecture* 113-114
mandala 61-64
mandala Yamantaka 63-64
Marcuse, Herbert 22
marketing multissensorial 19-20
Maschietto, C., Museu do Castelvecchio, Verona (com Carlo Scarpa e A. Rudi) 73-74
matéria, imagens 46-50

Matta-Clarke, Gordon 48
   A Laranja Caribenha 76-77, 77-78
   Explosão de Janelas 81-82, 127-128
Melnikov, Konstantin, Casa em Moscou 83, 104, 105-106
mente, historicidade 108-109
Merleau-Ponty, Maurice 28, 34-35, 51
   'Eye and Mind' 41-42
metáfora 66-70, 120-121
   existencial 104-107
   musical 111-113
   vivida 103-107
Michaux, Henri 44, 75-76
   Sem Título 41-42
Michelangelo Buonarroti 94-95
   Escravo Despertando 30
   Pietá de Rondanini 94-95
Mies van der Rohe, Ludwig 82, 83
   Casa Farnsworth, Plano, Illinois 83, 87-88
   Casa no Campo 63-64
Minimalismo 57, 82, 98-99, 111
Modell, Arnold H. 67-68, 108
   Imagination and the Meaningful Brain 113-114
Modernismo 47, 48, 84, 110, 111
Mondrian, Piet
   Broadway Boogie Woogie 83
   Composição em Losango com Quatro Linhas e Cinza 95-96
Morandi, Giorgio, *Natureza Morta* 87-88
Murcutt, Glenn 96-97
   Casa Marika-Alderton, Comunidade Yirrkala, Eastern Arnheim Land, Austrália 96-97
Murdoch, Iris 67-68
música 111-113

N

Nelson, Paul 82
Newman, Barnett 113-114
Nicholson, Jack 95-96
Nils-Udo 135-136
novidade 137
números 59-61
Nussbaum, Martha, *Poetic Justice* 113-114

O

O Templo do Dragão Pacífico, Quioto, Jardim Ryoan-ji kare-sansui, Quioto 41-42, 44, 135-136
Onian, John, *Neuroarthistory: From Aristotle and Pliny to Baxandall and Zeki* 44, 113-114
ontologia 129-131
origens, importância 101-103
ortodoxo 83
Otto, Frei 82

Índice

P

paisagem 44
Palácio de Cristal, Londres 82
pedra 48
pensamento 106-108
performance art 113-114
Piano, Renzo, Museu da Fundação Beyeler, Basileia, Suíça 96-97
Picasso, Pablo 63-64
    Guernica 83
Pikionis, Dimitris, Trilha de Pedestre, Colina de Filopapo, Atenas, Grécia 135-136, *137*
pintura de cavalo chinês paleolítica em caverna em Lascaux 44
pinturas rupestres 45-46
Piranesi, Giovanni Battista, desenhos *Carceri d'Invenzione* 18-19
Pitágoras 111-113
Platão 31
Plutarco 61-62
poesia 107, 109
Polião, Vitrúvio 60-61
Pollock, Jackson 65-66, 75-76
porta 131-132
Pound, Ezra 34-35, 115
    ABC of Reading 101
Povera, Arte 48
Proust, Marcel 77-78
psicanálise 65-66
publicidade 19-20

R

racionalismo 97-98
realidade e irrealidade 63-65
Reinhardt, Ad 84
Renascimento 111
Rendile, tribo 121
Revolução Francesa 18-19
Rietveld, Gerrit, Casa Schroder, Utrecht 83
Rilke, Rainer Maria 11, 29, *73-74*, 85-87, 112-113, 115, 125-126
    The Notebooks of Malte Laurids Brigge 77-78
Rodin, Auguste 112-113
Rogers, Richard 82
Rorschach, Hermann 74-75
Rorty, Richard 107
Rothko, Mark 48
    Capela Rothko, Houston 84
Rousseau, Henri, *O Cigano Adormecido* 31-32
Rudi, A., Museu do Castelvecchio, Verona (com Carlo Scarpa e C. Maschietto) *73-74*
Ruskin, John *47*, 136

S

Sartre, Jean-Paul 28, 31-32, 34-35, 63-64, 69-70, 77-78
    The Psychology of Imagination 32-34
Scarpa, Carlo 50
    Museu do Castelvecchio, Verona (com C. Maschietto e A. Rudi) *73-74*, 135-136
Scarry, Elaine
    Dreaming by the Book 29, 63-64
    On Beauty and Being Just 113-114
Scharoun, Hans 82
Scheerbart, Paul 82
Schindler, R. M., Casa Schindler, Los Angeles 83, 111
Sengai, *O Universo* 58
senso do real 22-24
Serra, Richard 48-49, *97-98*, 98-99, 100
    Richard Serra Sculpture: Forty Years (2007) 97-98
signos e símbolos 93-95
simbolismo 60-62
sistema perceptual 50-54
Siza, Alvaro 102
Soane, Sir John 73-74
Solà-Morales, Ignasi, 'Weak Architecture' 133-134
sonhos 47, 48
Stevens, Wallace 112-113
Stokes, Adrian 50, 58
Strømnes, Frode J., *The Fall of the Word and the Rise of the Mental Model* 26-28

T

Tapper, Kain, *Sensação de Natureza II* 94-95
Tarkovsky, Andrei 40-41, 48, 60-61, 80-81, 134-135
    Nostalgia 47, 77-78, 80-81
    Stalker 77-78
Tati, Jacques, *Play Time* 80-81
Taut, Bruno 82
tempo 78-80
    poético 108-109
Ticiano, *Apolo e Mársias* 71-72
tijolo 48
Tomlinson, Charles 41-42, 45-46
tradição 138
Turrell, James 98-100

U

unidade das artes 110-114
urbanismo 133-135
Urbs Quadrata 61-62
Utzon, Jørn 94-95

V

Valéry, Paul 34-35, 48, 71-72, 114-115
van Eyck, Aldo 102
van Gogh, Vincent
   Os Girassóis 83
   Um Par de Sapatos 84-85
Vattimo, Gianni 133-134
Vermeer, Johannes 29-30, 79-80
   A Arte da Pintura 30
videoarte 113-114
Viola, Bill 113-114
Vlaminck, Maurice de 128-129

W

Warhol, Andy, *Marilyn Turquesa* 83
Welles, Orson, *A Dama de Xangai* 80-81
Wharton, Edith 120
Williams, William Carlos 11, 112-113
Wilson, Colin St John 64-65
Wittgenstein, Ludwig 96-97
Wren, Sir Christopher 14-18
Wright, Frank Lloyd 44, *63-64*, 83
   Casa da Cascata, Bear Run, Pensilvânia 83

X

Xenakis, Iannis 111

Z

Zeki, Semir 29-30, 109
   Inner Vision: An Exploration of Art and the Brain 44, 113-114
Zumthor, Peter, Capela Bruder Klaus, Mechemich, Alemanha *102*